ANNE-MAREIKE SCHULTZ DENNIS MÖCK

Crystal Grids

Die KRAFT der KRISTALLE

DAS PRAXISBUCH rund ums
Arbeiten und Heilen mit KRISTALLEN

Schirner Verlag

Die Ratschläge in diesem Buch sind sorgfältig erwogen und geprüft. Sie bieten jedoch keinen Ersatz für kompetenten medizinischen Rat, sondern dienen der Begleitung und der Anregung der Selbstheilungskräfte. Alle Angaben in diesem Buch erfolgen daher ohne Gewährleistung oder Garantie seitens der Autoren oder des Verlages. Eine Haftung der Autoren bzw. des Verlages und seiner Beauftragten für Personen-, Sach- und Vermögensschäden ist ausgeschlossen.

Dieses Buch enthält Verweise zu Webseiten, auf deren Inhalte der Verlag keinen Einfluss hat. Für diese Inhalte wird seitens des Verlags keine Gewähr übernommen. Für die Inhalte der verlinkten Seiten ist stets der jeweilige Anbieter oder Betreiber der Seiten verantwortlich.

Wir verzichten auf das Einschweißen unserer Bücher – **UNSERER UMWELT ZULIEBE!**

ISBN Printausgabe 978-3-8434-1502-6
ISBN E-Book 978-3-8434-6490-1

Anne-Mareike Schultz &
Dennis Möck:
Crystal Grids
Die Kraft der Kristalle
Das Praxisbuch rund ums Arbeiten
und Heilen mit Kristallen

Umschlag: Simone Fleck, Schirner, unter Verwendung von # 1158340720 (© Fast Speeds Imagery), #144072169 (© Peter Hermes Furian), #278434037 (© Beautiful-Picture), #407159863 (© Transia Design), #1431479720 (© darena97) und #406178962 (© Olga_C), www.shutterstock.com, sowie eines Bildes von Dennis Möck
Layout: Simone Fleck, Schirner
Lektorat: Kerstin Noack-Zakel & Noémi Fekete, Schirner
Printed by: Ren Medien GmbH, Germany

www.schirner.com

Erweiterte Neuausgabe 2022 – 1. Auflage Januar 2022

Inhalt

Widmung

Wende dich deinen Brüdern und Schwestern aus dem Reich der Kristalle mit all deiner Liebe, deiner Achtsamkeit und Hingabe zu – sie werden dein Leben in einen Kreislauf glücklicher und magischer Momente führen.

…

Wir widmen dieses Buch unserer liebenden Mutter Erde. Unserem Heimatplaneten, dem wir die Erfahrungen des Menschseins verdanken.

Wir widmen es unseren irdischen Müttern, die uns liebevoll lehrten, das Sein zu entfalten, das wir sind.

Vorwort

Es ist ein so schönes Geschenk, jemanden an seiner Seite zu haben, mit dem man träumen, fantasieren, entstehen lassen kann, aber auch mal streiten darf. Die Verbindung zwischen uns ist solch ein Geschenk, und auch wenn wir nicht zusammen aufgewachsen oder miteinander verwandt sind, ist es doch so, dass wir viele wundervolle Erfahrungen gemacht haben, die synchron verlaufen sind. Wir lieben die Arbeit mit den Kristallen und auch, sie in schöne Formen zu legen, schon seit unserer frühen Kindheit, lange bevor der Begriff »Crystal Grid« bekannt wurde – und aus diesen besonderen Erfahrungen heraus schreiben wir dieses Buch.

Wir, Anne-Mareike und Dennis, werden in diesem Buch von »wir« sprechen, obgleich jeweils nur einer von uns einen bestimmten Textteil geschrieben hat. Dies ist ein Gemeinschaftsprojekt, was wir durch das »Wir« unterstreichen möchten. Dadurch wollen wir unsere Verbundenheit miteinander und mit diesem Thema zum Ausdruck bringen. Es ist uns nicht wichtig, wer welchen Text geschrieben hat oder wer welchen Impuls hatte, denn wir lieben diese Arbeit mit den Kristallen und unsere Verbindung. Obwohl wir nicht immer beieinandergesessen oder gemeinsam geschrieben haben, spüren wir eine Zusammengehörigkeit, die uns zu einem »Wir« hat verschmelzen lassen. Auch wenn wir unterschiedliche Erfahrungen gemacht haben, jeder für sich selbst steht und wir unsere Individualität sehr schätzen, möchten wir durch das »Wir« nicht nur uns einschließen, sondern auch dich. Dies vereint uns nicht zu einem großen Individuum, sondern schenkt uns das Gefühl, ein Teil der Allverbundenheit und einer Gemeinschaft zu sein. Was für ein unglaubliches Geschenk, ein »Wir« zu sein und doch jeder für sich zu stehen und seine eigene Authentizität zu leben.

Deine Anne-Mareike und dein Dennis

Einleitung

Die Anziehungskraft, die Steine, Kristalle und Edelsteine auf uns Menschen haben, kann niemand verneinen. Wir wissen mittlerweile, dass Steine eine harmonisierende und positive Wirkung auf uns und unsere Umgebung haben. Diese Kräfte in Form eines Crystal Grids für sich zu nutzen, ist nichts Neues, denn dieses Vorgehen ist tief in unseren Wurzeln verankert. So können wir noch heute magische Plätze rund um die Welt bewundern, an denen unsere Ahnen mit Steinen einen Ort der Kraft erschaffen haben. Die Möglichkeit, Steine in einer bestimmten Form anzuordnen und diesen Ort dann für sich zu nutzen, ist also schon viele Tausende Jahre bekannt. Bei uns in Europa ist der vielleicht berühmteste aller Steinkreise, nämlich Stonehenge, zu finden, der uns bis heute in seinen Bann zieht und bei jedem eine Gänsehaut hervorruft, der in seine Mitte tritt. In Nordamerika kennen wir die Kraft und Magie des Medizinrades, das von den amerikanischen Ureinwohnern bis heute genutzt wird. An all diesen Plätzen wird mithilfe von Steinen eine Art Kraftfeld aktiviert, fühlbar und erlebbar gemacht.

Steine sind uralt, einige sogar älter als unsere Erde selbst, eine Vorstellung, die für uns kaum greifbar ist. Jedoch können wir uns vorstellen, dass die Steine, Kristalle und Edelsteine über all die Zeit einiges erlebt haben, und wenn sie Geschichten erzählen könnten, dann würden diese nicht nur einen Abend füllen. Sie haben teilweise Milliarden Jahre lang in Mutter Erde geschlummert. Durch ihre Struktur, ihre Farbe, aber auch durch ihren Schliff tragen Steine bestimmte Energien und Kräfte in sich. Diese werden wir in unseren Crystal Grids verstärken. Zudem bringen wir die Steine in eine Form, die an sich bereits Energie in sich trägt. Wir vereinigen in einem Grid viele kraftvolle Dinge, um unseren Gedanken Form zu verleihen und ihnen Energie zu geben. Was wir dabei aber auch tun, ist, uns auf uns selbst, aber auch auf die Steine, die Form und das Anliegen, an dem gerade gearbeitet wird, einzuschwingen. Zudem verbinden wir uns mit allen anderen Kraftorten, die genau in diesem Moment aktiviert sind. Auf diese Weise schenken wir uns und allen anderen, aber auch unserer großartigen Mutter Erde die Möglichkeit, ein großes Gitternetz der Kraft aufzubauen. Oft scheint es dann so, als würden die Grids vor Energie vibrieren. Die Ureinwohner in Amerika gingen sogar einen Schritt weiter, denn sie waren davon überzeugt, dass ihre Medizinräder durch Raum und Zeit wirken. Das würde bedeuten, dass wir uns durch unser Grid nicht nur mit allen Grids in diesem Moment, sondern mit jenen aus allen Zeiten und Ebenen verbinden können. Die Kraft und Energie, die wir mithilfe der Kristalle aufbauen, wird durch deren Form zusätzlich potenziert, und mithilfe unserer bewussten Absicht können wir sie lenken. Wenn wir darüber hinaus den Gedanken der Ureinwohner gelten lassen, können wir uns ein Portal erschaffen, das nicht nur im Hier und Jetzt wirkt, sondern sowohl

in die Vergangenheit als auch in die Zukunft hinein.
Wir möchten dir zeigen, wie du die Magie der Steine mit dem Zauber der Heiligen Geometrie vereinen und mit Crystal Grids einen Kraftplatz direkt in deiner Nähe, ob bei dir zuhause, im Job oder unterwegs, erschaffen kannst.
Crystal Grids sind aus unterschiedlichen Steinen zusammengesetzte Mandalas bzw. Kristallgitter, die uns dabei helfen, unsere Wünsche, Ziele, Absichten und vieles mehr zu manifestieren. Es ist wunderschön und ganz natürlich, die Kristalle in ein Muster zu legen, und die Möglichkeiten, ein Crystal Grid einzusetzen, sind quasi grenzenlos. Doch was unterscheidet die Kraft einzelner Kristalle von der Kraft der Crystal Grids?
Crystal Grids vereinen die heilenden Kräfte der unterschiedlichen Kristalle mit der Heiligen Geometrie und einer fokussierten Intention. Während des Legens dieser Muster beginnt ein innerer und äußerer Prozess, der die Energie in unserer Absicht bündelt, sodass eine starke Schwingungsfrequenz entsteht. Diese Frequenz ermöglicht es dir, bestimmte Absichten, Wünsche und Sehnsüchte mithilfe der Kristalle zu aktivieren. Da Kristalle lebendige Wesen sind, die eine große Wirkung auf uns Menschen, die Seele und Räume haben, sind sie Kanäle für neue Resonanzen und Schwingungen.
Im Zusammenspiel mit der Legeform, z. B. dem Formen von Kreisen oder dem Legen bestimmter Kristalle auf die Blume des Lebens, bewirken die Kristalle eine Erhöhung der Schwingung durch Raum und Zeit.

Alle Crystal Grids, die wir hier zeigen, können von dir abgewandelt werden, denn ein Grid darf immer auch aus deiner Intuition heraus entstehen. Ein Grid zu erstellen, ist ein Ritual, und dieses darf nach deinen Vorstellungen gestaltet werden. Aus diesem Grund haben wir neben einer allgemeinen Einführung in die Kristallarbeit und Beispielen für Crystal Grids auch ausführlich die Magie der Zahlen und Formen beschrieben. Du erfährst, worauf die Arbeit mit den Grids gründet, und kannst deine eigenen Grids kreieren. Sei mutig, und vertraue dir, denn etwas, was du aus dir heraus erschaffst, kann und darf kraftvoll sein.

Meditation: Verbindung mit allem

Es fällt uns manchmal schwer, den Alltag hinter uns zu lassen und uns auf das zu konzentrieren, was wir vorhaben. Wir sind unsicher, was genau jetzt anliegt oder ob es Zeit ist, ein Grid zu legen. Nicht selten fehlt uns auch die Kraft dazu, überhaupt anzufangen. Aus diesem Grund möchten wir dich einladen, dich mit allem zu verbinden und die Zeit für dich zu nutzen, um dich auf das, was du vorhast, zu fokussieren und vor allem ein Gefühl für dich und die Steine zu bekommen. Du kannst diese Meditation immer machen, bevor du ein Crystal Grid legen möchtest.

Bevor du mit der Meditation beginnst, entzünde eine Kerze, mache schöne, beruhigende Musik an, und lasse den Alltag für einen Moment hinter dir. Lies dir den Text vorher durch, und visualisiere, wie du diese Reise machst, oder nimm sie auf, um dich ganz darauf einzulassen.
Mache es dir bequem, schließe die Augen, und atme ganz bewusst ein und aus. Spüre genau nach, wo in deinem Körper du dich befindest. Komme vollkommen zur Ruhe. Gleite in den inneren Raum deines Herzens. Gehe immer tiefer an deinen geistigen Ort, und von hier aus stelle dir vor, wie deine Energie in Mutter Erde hineinfließt, wie du von ihr mit offenen Armen empfangen wirst, sie dich liebevoll umschließt und hält. Spüre die Geborgenheit und, dass du vollkommen mit ihr verschmelzen kannst, eins mit ihr wirst. Du erlebst, wie es ist, all die wundervollen Steine, Kristalle, Edelsteine und Mineralien in dir zu tragen. Du erlaubst dir, dass du mit allem in Kontakt kommst, und erlebst, dass nicht nur Mutter Erde dich liebevoll streichelt, sondern die Steine dir jede Art von Unterstützung senden. Spüre, wie deine tiefe Verbindung mit Mutter Erde dich mit den Steinen verschmelzen lässt. Ihre Struktur ist ein Teil von dir, dein Körper resoniert und vibriert mit ihrer harmonisierenden Schwingung. Erlebe die Geborgenheit, die Verbundenheit und die Einheit von allem. Du kannst das Gitternetz spüren, das die verschiedenen Steinkraftorte und die akti-

von Crystal Grids durch Raum und Zeit erschaffen.
Mit dem nächsten Atemzug löst du dich liebevoll von Mutter Erde und wirst hinauf ins Universum zu den Sternen gezogen, denn auch sie sind ein Teil von dir und ein Teil der Kristalle. Spüre die Weite und Endlosigkeit des Alls und, wie wohl und verbunden du dich fühlst. Du darfst erleben, dass die Sterne ein Teil von dir sind, du atmest tief durch und darfst dich ausdehnen, deinen Platz einnehmen, Teil des Ganzen sein, und du verschmilzt mit ihm.
Du spürst erneut, dass du eins bist mit dem All, und du fühlst, wie es ist, mit all den Sternen und Planeten verbunden zu sein. Du erlaubst dir, dass du mit allem in Kontakt kommst, und erlebst, dass das Universum dich hält und wie alles, was es in sich trägt, dir nun jede Art von Unterstützung sendet. Spüre, wie tief du verbunden bist. Die Struktur des Universums ist ein Teil von dir, dein Körper resoniert und vibriert mit seiner harmonisierenden Schwingung. Erlebe die Geborgenheit, die Verbundenheit und die Einheit von allem. Erlebe noch einmal das Gitternetz der Verbundenheit und, wie die Grids ihre Kraft durch Raum und Zeit mit dem Universum verbunden haben.
Mit dem nächsten tiefen Atemzug kommst du wieder zurück an deinen Ausgangspunkt und spürst, dass du dich ausdehnen darfst und mit allem, womit du verschmolzen bist, eine Einheit bildest. Du fühlst dich durch diese Einigkeit ganz und kannst so deine Intentionen setzen. Du trägst jede Unterstützung in dir und kannst in der Verbundenheit mit allem ein Crystal Grid erschaffen, das die Kraft von Mutter Erde und die des Universums in sich trägt sowie deine Kraft.
Es ist nun der Moment gekommen, ins Hier und Jetzt zurückzukehren und dein Crystal Grid zu legen. Du atmest dich von innen nach außen und nimmst dich zurück in der Wirklichkeit wieder ganz wahr.

Kristallheilung in der Praxis

Wie und warum Kristalle wirken

»In einem Kristall haben wir klare Beweise für die Existenz eines prägenden Lebensprinzips, und obwohl wir das Leben eines Kristalls nicht verstehen können, ist er dennoch ein lebendiges Wesen.«

(Nikola Tesla)

Manchmal begegnen wir Menschen, die der Wirkung von Kristallen skeptisch gegenüberstehen. Eine wunderbare Voraussetzung, die Wirk- und Heilkraft der jeweiligen Kristalle ganz persönlich zu erfahren und sich selbst von ihr zu überzeugen.

Wir kommen der Annahme immer näher, dass alles im Universum ein Bewusstsein besitzen muss. Alles ist von Energie, Lebendigkeit und einer geheimnisvollen Kraft durchdrungen. Alles ist Einheit. Alles ist Schwingung. Jedes Lebewesen, jede Pflanze, die Erde selbst und auch die Steine haben ein Bewusstsein. Das wussten schon die Heiler und Priester alter Zeiten.
Kristalle sind lebende Wesen, die bereits viele Milliarden Jahre alt sind und einen enormen Wissensspeicher in sich tragen. Sie beinhalten nicht nur das Wissen um die Entstehung und die Existenz des Universums, sie enthalten Kräfte, die heilend und regenerierend auf alles wirken, was ist. In vielen schamanischen Traditionen und bei vielen uralten Völkern wurden Steine als etwas Heiliges betrachtet. Als ein Wesen. Denn alles in der Welt ist belebt und in geistigen Kräften beheimatet.
Eine der spannendsten und ältesten therapeutisch-medizinischen Edelsteintherapien stammt aus der Lehre des Ayurveda, die über 5000 Jahre alt sein soll. Dort wurden Kristalle eingesetzt, um physische und psychische Beschwerden zu lindern. In der vedischen Astrologie wurde jedem Himmelskörper ein Kristall zugeordnet.

Auch die Wissenschaft beginnt immer mehr zu verstehen, wie Kristalle wirken. Durch verschiedene moder-

ne Resonanzmessverfahren können Schwingungen bzw. Frequenzen verschiedener Kristalle ermittelt werden. Diese helfen dem Körper und unserem Geist, sich der Frequenz des Kristalls anzupassen.

Die Schamanen im Himalaya benutzen den Bergkristall, um bei Ritualen das Gegenüber an seine eigene Kraft zu erinnern. Sie sehen den Kristall als Hilfsmittel, das einen daran erinnern kann, dass man all diese Kräfte in sich trägt, und jeder einzelne Kristall kann helfen, diese Kraft wiederzuentdecken und -zuerwecken.

Ohne Kristalle würde es heute keine Computer und Handys geben, denn Mikrochips bestehen aus Siliziumkristallen, die einige hundert Gigabyte speichern können. Wenn wir bedenken, wie machtvoll solch ein verhältnismäßig kleiner Kristall ist, können wir nur erahnen, wie viel Energie und Information in einem Kristall der Größe eines Trommel-, Schmuck- oder gar noch größeren Steines stecken muss.

Kristalle entfalten erst dann ihre Magie und Wirkung, wenn wir sie nutzen und nicht als schicke Deko-Objekte verstauben lassen. Sie verstärken, absorbieren oder leiten den Fluss bestimmter Energien in uns und auch um uns. Gerade in der heutigen Zeit, in der wir permanent von Radiowellen und WLAN umgeben sind, können Kristalle ein machtvoller Schutzschild sein. So können wir z. B. Quarze neben elektrischen Geräten, neben Türen und besonders neben unserem Bett platzieren, um uns zu schützen.

Glaube an die heilenden Kräfte der Kristalle. Probiere aus. Erkunde, und forsche.

Unsere magischen Kristalle

Wir lieben unser Leben mit den Kristallen. Unentwegt. Die Arbeit mit ihnen hat uns gezeigt, wie sehr wir uns wieder mit der Erde, dem Ursprung und der Einfachheit des Seins verbinden können.
Wir möchten an dieser Stelle kurz auf die Wirkkraft einzelner Kristalle eingehen, wissen jedoch, dass das reine Auswendiglernen völlig unnötig ist. Es blockiert uns sogar häufig darin, die wahre Wirkung der verschiedenen Kristalle für uns aufzuschlüsseln. Denn die Steine besitzen wie wir ein Bewusstsein, das immer für das Leben (und somit auch für uns) arbeitet. Welches spezifische Thema auch immer gerade in uns schlummert, jeder Kristall – egal, welcher Form, Farbe oder Größe – wird seine heilenden Kräfte entfalten. Wir wollen dich also ermutigen, ganz frei in der Anwendung der Kristalle zu sein. Intuition und Gefühl sind die Grundlage dieser feinen und hoch schwingenden Arbeit! Über viele Tausende Jahre konnten jedoch durch Beobachtung und Forschung einige Unterschiede in den Heilkräften der Kristalle ausgemacht werden, von denen wir dir einige hier vorstellen möchten. Im Verlauf des Buches werden dir weitere Kristalle begegnen, deren Wirkung wir für dich dann jeweils zusammenfassen.

AMETHYST

Intuition – Innenwelten – sanfter Schlaf – Öffnung in neue Dimensionen – Meditation

Ein wahrer Booster der Intuition und Aktivator unseres Dritten Auges ist der Amethyst. Er gilt als der Stein der Spiritualität, da er mit seinen purpur glänzenden Farben unseren Geist klärt und uns somit in die Tiefen unserer Innenwelt führen kann. Dies ermöglicht es uns, emotionale Themen (besonders im Bereich des Mentalkörpers) zu heilen, unsere Gedanken zu klären und Entscheidungen aus dem Herzen zu treffen.

Ein Amethyst wirkt in belastenden Lebenssituationen besonders gut, wenn er auf der Fensterbank vom Tageslicht geladen wird und abends in die Meditationspraxis einbezogen wird. Auch sollte ein Amethyst immer neben oder unter dem Bett stehen, um einen erholsamen und heilvollen Schlaf zu fördern.

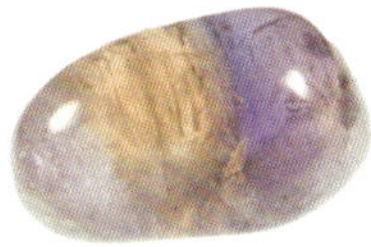

AMETRIN

Ruhe – Gelassenheit –
Weisheit – Sein

Der Ametrin ist eine Kreuzung aus Amethyst und Citrin, woraus sich auch sein Name und sein Aussehen ableiten. Ein grandioser Kristall, der uns unsere wahren Bedürfnisse klarmacht und darüber hinaus unsere Lebensziele in Einklang mit unserem Sein bringt.

Außerdem fördert er Ruhe, Gelassenheit und Kreativität. Er bringt uns in Kontakt mit unserer Weisheit und vor allem unserer unermesslichen Tiefe. Das macht ihn zu einem guten Kristall für die Meditationspraxis.

AVENTURIN

Anti-Stress – Manifestation –
Flow – Herzöffnung – Weite

Der Aventurin hilft uns, unsere Träume mithilfe unserer Herzenskraft zu manifestieren und unser Bewusstsein auf Fülle auszurichten. Dies gilt auch für den materiellen Bereich, da der Aventurin Wohlstand anziehen kann.

Empfehlenswert ist es, einen Aventurin neben dem Bett und auch auf dem Schreibtisch zu platzieren, damit er uns mit seiner herzöffnenden Kraft immer wieder dabei unterstützt, Fülle in jeglicher Form anzuziehen.

BERGKRISTALL

Neutralisierung – Aktivierung –
Innenschau – Manifestation –
Klarheit & Ausrichtung –
Fokus – Sensibilität

Der Bergkristall dient nicht nur als Verstärker anderer Kristalle, er kann auch ganz gezielt Klarheit und Fokus in verschiedene Lebensbereiche lenken. Er besitzt die Fähigkeit, Energie aus der Umgebung aufzunehmen und zu neutralisieren. Zudem stärkt er, gleicht er unsere feinstofflichen Zentren aus und aktiviert unsere Lebensenergie. Daher ist er der ideale Kristall für Meditation, Heilung und zur Stärkung.

Wenn du die Wirkung anderer Kristalle erhöhen möchtest, lege einen oder mehrere Bergkristalle daneben. Empfehlenswert sind Spitzen, da diese sehr gut Energien lenken können.

BERNSTEIN

Wärme – Kreativität – Stresslinderung – Besänftiger von Ängsten & Emotionen

Bernstein ist eigentlich versteinertes Harz, wird jedoch als heilendes Gestein angesehen. Er lindert äußerst gut Stress, besänftigt emotionalen Aufruhr und kann helfen, Ängste zu beseitigen, indem er das Positive hervorhebt. Ein idealer Stein also, um Ängstlichkeit, Depressionen und Verstimmungen zu lindern und die dahinterliegenden Blockaden aufzudecken.

Außerdem ist Bernstein für die Förderung von Kreativität bekannt und korrespondiert mit dem Sakralchakra. Er schenkt Wärme und Zufriedenheit.

CITRIN

Erfolg – Glück – Wohlstand – Selbstvertrauen – Lebensfreude – Neubeginn

Der Citrin ist ein wahrer Lebensfreudekristall, da er die Kraft der Sonne in sich trägt und uns unentwegt Energie zuführt. Erstaunlich ist, dass dieser Kristall nicht gereinigt werden muss, da er zwar negative Energien umwandelt, sie jedoch nicht absorbiert.

Der Citrin ist ein Stein, der Wohlstand und Glück anziehen kann, da er das Gesetz der Anziehung vervielfacht und immer wieder gibt und zuführt. Somit eignet er sich hervorragend für Anfänge, dafür, Wünsche Realität werden zu lassen, und als Good-Vibe-Crystal.

ENGEL-AURA-QUARZ

Engelenergien – liebevolle Beziehungen – Schönheit – spirituelle Kraft – Freude

Dieser Kristall gibt uns unentwegt das Gefühl, mit Engeln, ätherischen Wesen und dem Rückhalt des Lebens in Verbindung zu stehen. Kein anderer Kristall aktiviert so enorm das Potenzial und die Schwingung höchster Freude wie dieser. Er verbindet uns zudem mit unserer spirituellen Kraft und unserem ureigenen Herzensweg. Das macht ihn für uns zu einem der licht- und liebevollsten Kristalle.

Engel-Aura-Quarz zeigt uns auch die Schönheit des Lebens selbst, indem er uns mit den Augen der Liebe blicken lässt. Auch für jegliche Art von Beziehungen ist dieser Kristall ein wahrer

Segen. Er verfeinert, klärt, verbindet und löst, um alles auf die optimale und höchste Schwingung anzupassen.

FLUORIT

Aktivierung – Klärung – Harmonie – sanfter Flow – innere Weite

Fluorite sind nicht nur wunderschön, sondern auch kraftvolle Kristalle, um Körper, Geist und Seele zu reinigen, zu klären und zu harmonisieren. Sie erzeugen, wenn wir sie am Körper tragen, einen konstanten Energiefluss, der stets klärend wirkt und uns ein Gefühl innerer Weite schenkt.

Dieser Kristall verstärkt zudem die Wirkung anderer Kristalle.

KARNEOL

Sexualität – Sakralchakra – Kreativität – Selbstwert – Schaffenskraft – tief sitzende Emotionen ausleben

Ein Kristall für Künstler, kreative Köpfe und vor allem Phasen, die uns viel Selbstbewusstsein abverlangen. Er bringt in jedem Fall etwas Neues und Aufregendes in unser Leben (und unsere Schlafzimmer). Unsere Sexualität wird geklärt, gestärkt und ausgerichtet.

Um tief sitzende Emotionen, die sich aufgestaut haben, auszuleben und zu heilen, ist der Karneol perfekt. Wir empfehlen, ihn für einige Tage jeden Abend auf das Sakralchakra aufzulegen und zu spüren, wie dieser Bereich immer stärker aktiviert wird – häufig durch ein loderndes Feuer im Inneren.

LABRADORIT

Höheres Selbst – Priesterschaft – Licht & Wahrheit – Kontakt zur geistigen Heimat – Schattenarbeit

Der Labradorit ist unser persönlicher Meisterkristall. Er beinhaltet ein besonderes inneres Licht, das vor allem Licht in unsere Schatten wirft und sie bewusst macht. Man sagt, in ihm seien die Nordlichter enthalten, was man ihm auch ansieht. Wir können durch ihn in weitere Ferne reisen, die Galaxie erkunden und sogar Kontakt zu unserer Seelenheimat aufnehmen.

Dieser Kristall fördert ein höheres Bewusstsein (bringt uns in Kontakt zum Höheren Selbst) und weitet den inneren Raum. Gleichzeitig erdet und schützt der Labradorit.

Der Labradorit ist ein universeller Heilkristall, der in keiner Sammlung fehlen sollte!

LEMURIEN-QUARZ

Selbsterkenntnis – Spiritualität – Gaben – Weisheit – Gleichgewicht

Der Lemurien-Quarz hat die Kraft, unser spirituelles Leuchtfeuer unendlich lodern zu lassen. Er ist der Lenker von Energien und zugleich Schöpfer wahrer und tiefer Weisheit. Durch die Arbeit mit diesem Kristall wird das Verständnis (für alte Muster) gefördert und auch die Erkenntnis über das, was wir wahrlich sind.

Weil dieser Kristall das lemurische Wissen trägt, soll er das Erbe der alten Zivilisation sein. Seine Stufen sollen uns an die Stufen zum Himmel erinnern.

Es ist schwierig, einen so hoch schwingenden Kristall zu beschreiben, doch wir können versichern, dass die Arbeit mit ihm uns in völlig neue Lebenssituationen katapultiert.

MALACHIT

Herzfeld – universelle Heilung – Umwandlung – entgiftend

Wenn dein Herzfeld offen ist, dein Körper und Geist klar sind und sich negative Prägungen lösen, beginnt ein Prozess der großen Wandlung – das bewirkt der Malachit. Ein mächtiger Kristall, der uns in die Schöpferkraft führt und immense Energie zuführt.

Auf körperlicher Ebene wirkt der Malachit entschlackend und regt die Sauerstoffversorgung an, was wiederum dazu führt, dass sich mehr Energie und Bewegung manifestiert. Daher gilt dieser Kristall auch als Stein der Wandlung.

In Zeiten von Veränderungen ist es daher empfehlenswert, immer einen Malachit als Kette oder Handschmeichler bei sich zu tragen.

MONDSTEIN

Weiblichkeit – Intuition –
Fürsorge – Heilung – Balance

Der Mondstein ist einer der magischsten Kristalle und steht in tiefer Verbindung mit dem Mond und dessen Zyklen. Das macht ihn zu einem wichtigen Stein für Frauen. Der Mondstein bewirkt eine Öffnung unseres geistigen Horizonts sowie unserer Intuition.

Er bringt sanfte Heilung und Balance in unser Leben, gibt Stabilität und schenkt uns die Fähigkeit, gut für uns selbst zu sorgen.

PYRIT

Energie – Geldfluss – Schutz –
Selbstvertrauen –
Mut, neue Wege zu gehen

Für uns ist dies ein Stein, der wahrlich das Licht des Flows in allem entzünden kann, was dabei hilft, Schritte nach vorn zu gehen. Er gilt nicht nur als großer Energieerzeuger, sondern auch als Stein des Reichtums. Mit ihm zu arbeiten, schenkt uns Mut, Selbstvertrauen und die Kraft, unsere selbst gebauten Mauern zu überwinden.

Der Pyrit versorgt Bereiche, denen sprichwörtlich der Strom ausgegangen ist, mit neuer Energie und Kraft. Am besten eignet sich der Pyrit in Wohnbereichen, die »leer« oder verlebt sind.

Dieser Kristall unterstützt uns zudem dabei, Ziele klar zu formulieren und zu erreichen. Denn er geht stark in Resonanz mit dem Gesetz der Anziehung und hilft, das in unser Leben zu transportieren, was wir denken und fühlen. Aus diesem Grund sollte der Pyrit an keinem Arbeitsplatz fehlen, da er den Geldfluss anregt und die Karriere fördern kann.

Durch seine goldglänzende Oberfläche ist der Pyrit auch von alters her ein Schutzstein, weshalh er negative Encrgien fernhalten soll. Daher kann man ihn wunderbar als Schutz- und Energiestein bei sich tragen.

RAUCHQUARZ

Innenschau – Meditation –
neue Chancen erkennen –
Verständnis – Mitgefühl

Er führt uns nach innen, wandelt Trauer in Verständnis und Verständnis in Mitgefühl. Der Rauchquarz wandelt emotionalen Stress in tiefen Frieden, wenn wir dazu bereit sind. Er beruhigt und glättet die Wogen, damit wir uns und unsere Umwelt wieder besser verstehen können.

Der Rauchquarz eignet sich hervorragend zur Innenschau sowie zur Meditation. Dadurch kann er noch tiefgreifender wirken und uns Chancen zeigen, wie wir aus unserer aktuellen Situation das beste Resultat erzielen.

ROSENQUARZ

Liebe – Selbstliebe – Vergebung – Herzöffnung – Selbstakzeptanz

Einer der berühmtesten Kristalle ist der Rosenquarz, der als Stein der Liebe gilt. Er macht uns alle Themen rund um Liebe, Selbstliebe und Selbstakzeptanz bewusst und hilft, diese Qualitäten tief in unserem Sein zu verankern. Zudem ist er der Stein der Versöhnung, besänftigt Liebeskummer und hilft, den passenden Partner anzuziehen.

Einen Rosenquarz bei sich zu tragen, verleiht viele positive Schwingungen, macht das Herz weit und zieht glückliche Umstände an. Auch lässt er uns stets das Schöne im Leben erkennen.

In Gegenwart anderer Kristalle wird mithilfe des Rosenquarzes der höchste Liebesaspekt des jeweiligen Kristalls kreiert und potenziert. Das macht diesen Kristall zu einem äußerst wichtigen Verbündeten.

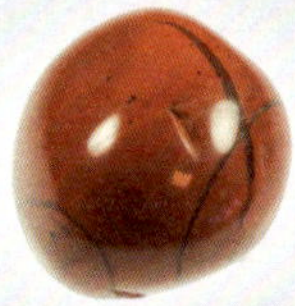

ROTER JASPIS

Erdung – Wurzelchakra – ausgleichend – stabilisiert das Energiefeld

Der rote Jaspis ist ein vielseitiger Kristall, der überwiegend das Wurzelchakra und die damit verbundenen Themen anspricht. Somit erdet und stabilisiert dieser Kristall, gleicht emotionale Achterbahnfahrten aus und fördert die Entwicklung neuer Ideen.

Er eignet sich als guter Grundlagenkristall, wenn es um die Aktivierung von Mut und Tatkraft geht, sowie rund um Themen der Stabilität und des Ausgleichs.

SCHUNGIT

Schutz – Entgiftung – heilende Impulse – Stärke – Mut

Der Schungit ist einer der seltensten Steine auf dieser Erde und besitzt spezifische Eigenschaften, die den Körper und auch unseren Geist vor negativen sowie schädlichen Umwelteinflüssen schützen sollen. Am Körper getragen, soll er einen Entgiftungsprozess in Gang setzen, weshalb wir eine vorsichtige Anwendung empfehlen.

Zudem wirkt dieser Kristall auch äußerst gut gegen elektromagnetische Strahlung und sogar Handystrahlung (hierfür eignen sich Schungitplatten). Ein guter Kristall für Eingangsbereiche, da hier sein Energiefluss schützend und harmonisierend wirkt.

SCHWARZER TURMALIN

Wandlung – starker Schutz – gute Gedanken – Kraftort – Reinigung – Sicherheit – Grenzen

Der schwarze Turmalin ist einer der mächtigsten Schutzsteine, die es gibt. Er reinigt den Geist von trüben Gedanken, klärt den Blick und öffnet den Raum, in dem wir uns geborgen und sicher fühlen können. Mit ihm fällt es leichter, Grenzen zu ziehen und zu wahren – zu Menschen, Situationen und Orten, die unsere Kräfte minimieren.

Ein schwarzer Turmalin ist ein absoluter Must-have-Kristall und sollte in keinem Zuhause fehlen, da er jegliche Art negativer und trüber Energie absorbiert und wandelt. Er lässt uns uns sicher fühlen und damit im Moment ankommen.

SELENIT

Schwingungserhöhung – Energiefluss – Reinigung – Mondenergien

Für uns ist der Selenit einer der wichtigsten Kristalle, um den Energiefluss in unserer Aura, in Räumen und auch an Plätzen zum Fließen zu bringen. Er steht in Verbindung mit der griechischen Göttin Selene, der Mondgöttin. Er soll das Licht – wie der Mond das der Sonne – reflektieren und ebenso unser eigenes Licht zum Vorschein bringen.

Der Selenit stärkt unsere mentale Klarheit und harmonisiert unsere Aura sowie unsere Energiezentren. Dies macht ihn zu einem bedeutenden Kristall, der jegliche Energieblockaden auflösen und in den Fluss bringen kann.

TIGERAUGE

Vitalität - Erfolg - Tatkraft - Erdung - Traumerfüllung - Mut

Das Tigerauge zentriert uns, gibt Mut und schenkt uns Tatkraft. Das macht es zu einem Kristall für den Erfolg in jeder Lebenslage. Mit ihm fällt es uns leichter, Träume und Ziele aus dem Herzen heraus zu manifestieren und uns zu erden, da es mit den unteren Chakras in Verbindung steht.

Das Tigerauge hilft, das Positive in jeder Situation zu erkennen und so unseren Mut, unser Selbstbewusstsein und unser Vertrauen zu stärken.

TÜRKIS

altes Wissen - Verbindung zum Himmel - Seelenkraft - Schutz

Der Türkis soll schon zu den Hochzeiten der Indianer ein wichtiger Kristall gewesen sein, der das Böse fernhält und die Verbindung zur eigenen Seele stärkt. Man sagt, er bringe uns in Kontakt zum Himmel. Mit ihm zu meditieren, ist wie ein Eintauchen in eine andere Welt, das uns ermöglicht, uraltes und verborgenes Wissen anzuzapfen.

Auch soll dieser Kristall eine gefühlvolle Kommunikation ermöglichen (verbindet Herz und Kopf) und eignet sicher daher gut als Partnerschaftskristall.

Dein persönlicher Kristall

Es gibt Unmengen von Auswahlmöglichkeiten und Ideen, wie du zu deinem persönlichen Kristall findest. Du kannst ihn anhand deines Sternzeichens auswählen, ihn channeln lassen oder auch aufgrund seiner beschriebenen Wirkung wählen. Doch eine der stimmigsten Methoden ist es, in eine Beziehung mit dem jeweiligen Stein zu gehen. Dazu ist es sinnvoll, sich in einem gut sortierten Esoterik-Laden mit all der Pracht verschiedener Formen, Farben und Unregelmäßigkeiten der Kristalle zu beschäftigen. Halte sie in den Händen, fühle, erfahre, öffne dein Herz.

DEIN ganz persönlicher KRISTALL WIRD DICH FINDEN und mit dir kommunizieren.

Die besten Kristalle für dein Zuhause

Wir möchten dir an dieser Stelle ein paar einfache, vielleicht auch verblüffende Beispiele an die Hand geben, wie du mit deinen Kristallen täglich arbeiten kannst und wo du sie am besten platzierst. Denn erst, indem du mit diesen wundervollen Geschenken der Erde arbeitest, können diese ihre Kraft für dich persönlich, für dein Umfeld und die Erde entfalten.

Die Kristalle in deinem (Wohn-)Umfeld wirken unentwegt. Zu jeder Zeit und an jedem Ort. Wenn du dir dessen bewusst bist, kann diese sanfte Therapie maßgeblich dein Umfeld zum Positiven verändern. Hier ein paar Beispiele, wo du deine Steine unbedingt aufstellen solltest:

DER WOHNBEREICH

Hier leben wir, schöpfen Kraft und erholen uns. Ein Ort, der uns ausmacht und ein Stück unserer eigenen Persönlichkeit widerspiegelt. Hier ist alles möglich, alles erlaubt und alles in sanfter Bewegung. Deshalb braucht es Kristalle, die uns guttun und im Fluss sein lassen.

Folgende Kristalle können unser Zuhause energetisieren:

- Bergkristall: Neutralisierung, Innenschau, Manifestation, Klarheit & Ausrichtung, Sensibilität
- Amethyst: Intuition, Innenwelten, sanfter Schlaf, Öffnung in neue Dimensionen
- Rosenquarz: liebevolle Schwingungen, Harmonie, Liebe
- Aventurin: Gelassenheit, Harmonie, Frieden
- Turmalin: Schutz, Sicherheit, Stärke, Abwehr negativer Gedanken

DIE KÜCHE

Die Küche ist ein Ort, an dem das Leben »zubereitet« und gestaltet wird. Sie steht außerdem für Dynamik und Tatkraft, da sie wohl der einzige Ort in unserem Zuhause ist, an dem die Utensilien häufig hin- und hergeräumt werden und somit viel Energie entsteht.

Es ist also förderlich, Kristalle zu wählen, die eine gewisse Dynamik, aber auch Ruhe und Balance transportieren. Hier gibt es keine besonderen Empfehlungen, außer dass wir anregen, die Grundkristalle wie Bergkristall, Turmalin und auch Rosenquarz aufzustellen. Besonders hilfreich ist es auch, einen Selenitstab auf dem Fensterbrett zu platzieren.

DER SCHLAFPLATZ

Ein gesunder und erholsamer Schlaf ist eine der wichtigsten Maßnahmen für den Erhalt der Gesundheit. Außerdem ist er essenziell, um Erlebnisse zu verarbeiten, den Geist zu klären und das Energieniveau zu heben. Viele Menschen leiden jedoch an massiven Schlafstörungen, die ihnen wertvolle Ressourcen, Lebensenergie und Vitalität rauben. In den letzten Jahren hat sich besonders die elektromagnetische Strahlung als eine Bedrohung für unsere Gesundheit erwiesen, die toxischen Stress verursacht und somit vielfältige Auswirkungen auf unser gesamtes System hat. Viele weitere Faktoren, z. B. erhöhter Kaffeekonsum, falsche Ernährungsweise, zu viel künstliches Licht und vor allem ein negativ besetztes Emotionalsystem, beeinträchtigen unser Entgiftungs-, Hormon- und Immunsystem.

Nicht immer können wir dafür sorgen, eine ausgereifte und zutiefst gesunde Lebensweise zu führen, doch wir können Maßnahmen ergreifen, die uns helfen, die Auswirkungen zu minimieren bzw. auszugleichen. Kristalle sind hierfür eine wunderbare Möglichkeit!

Folgende Kristalle fördern einen gesunden Schlaf:

- Bergkristall: Neutralisierung, Innenschau, Manifestation, Klarheit & Ausrichtung, Sensibilität
- Amethyst: Intuition, Innenwelten, sanfter Schlaf, Öffnung in neue Dimensionen
- Aventurin: Gelassenheit, Harmonie, Frieden
- Turmalin: Schutz, Sicherheit, Stärke, Abwehr negativer Gedanken

DAS BADEZIMMER

Ein Tempel, ein Ort der Schönheit, Ruhe, Reinheit und der Heilung: Im Bad schenken wir unserem Körper und seiner Pflege viel Raum. Dies klärt nicht nur unseren Körper, sondern fördert auch unsere mentale Klarheit.

Besonders hilfreich ist es, diesen Ort als Wohlfühloase zu gestalten und die passenden Kristalle zu wählen.

Folgende Kristalle eignen sich für das Wohlbefinden und die Klarheit im Bad:

- Bergkristall: Neutralisierung, Innenschau, Manifestation, Klarheit & Ausrichtung, Sensibilität
- Rosenquarz: Liebe, Fürsorge, Mitgefühl, Schönheit, Ausstrahlung
- Turmalin: Schutz, Sicherheit, Stärke, Abwehr negativer Gedanken
- Mondstein: Weiblichkeit, Fürsorge, Heilung, Balance

DAS ARBEITSZIMMER

An einem energetisch hoch schwingenden Arbeitsplatz fließt die Energie in die Bereitschaft, zu lernen und Beziehungen zur Außenwelt zu harmonisieren. Dieser Platz steht auch für Erfolg.

In der Regel stehen an solchen Plätzen häufig Computer und weitere elektronische Geräte, deren schädliche Wirkung wir mit Kristallen dämmen können.

Folgende Kristalle eignen sich für den Arbeitsplatz:

- Bergkristall: Neutralisierung, Innenschau, Manifestation, Klarheit & Ausrichtung, Sensibilität
- Rosenquarz: liebevolle Beziehungen, Liebe, Fürsorge, Ausstrahlung
- Turmalin: Schutz, Sicherheit, Stärke, Abwehr negativer Gedanken
- Schungit: Schutz, Entgiftung, heilende Impulse, Stärke, Mut
- Pyrit: Energie, Geldfluss, Schutz, Selbstvertrauen, Mut, neue Wege zu gehen
- Citrin: Erfolg, Glück, Wohlstand, Selbstvertrauen, Lebensfreude, Neubeginn
- Tigerauge: Vitalität, Erfolg, Tatkraft, Erdung, Traumerfüllung, Mut

DAS KINDERZIMMER

Das Kinderzimmer ist ein Raum der Entwicklung, des Wachstums und auch der Freude. Es ist wichtig, hier eine förderliche und liebevolle Energie zu manifestieren, sodass die Entwicklung des Kindes gestärkt wird.

Folgende Kristalle sind für das Kinderzimmer gut geeignet:

- Bergkristall: Neutralisierung, Innenschau, Manifestation, Klarheit & Ausrichtung, Sensibilität
- Rosenquarz: liebevolle Beziehungen, Liebe, Fürsorge, Ausstrahlung
- Turmalin: Schutz, Sicherheit, Stärke, Abwehr negativer Gedanken
- Fluorit: Aktivierung, Klärung, Harmonie, sanfter Flow, innere Weite
- Tigerauge: Vitalität, Erfolg, Tatkraft, Erdung, Traumerfüllung, Mut

Aufbewahrung, Pflege und Ausrichtung

In Seminaren stellen wir stets die Frage, was unsere Teilnehmer glauben, wie Kristalle am besten wirken. Hier kommen die utopischsten Antworten, die natürlich auch ihre Berechtigung haben – allerdings überzeugt die Seminarteilnehmer immer diese eine Antwort:

Kristalle wirken dann am besten, wenn wir sie benutzen!

Viele von uns haben so viele wundervolle Kristalle zu Hause, die meist nur in Vitrinen oder gar Schubladen liegen, statt mit und für uns und die Umwelt zu wirken (und das verschwenderisch gern!).

Da Steine nicht nur heilende Schwingungen an unsere Zellen abgeben, sondern auch krank machende Blockaden und niedrig schwingende Energien aus den Zellen aufnehmen, ist es wichtig, sie regelmäßig zu pflegen. Das bedeutet: reinigen und aufladen.

Natürlich kommt es vor – vor allem, wenn man eine beachtliche Sammlung an Kristallen hat –, dass man nicht alle gleichwertig hegen und pflegen, geschweige denn täglich mit ihnen arbeiten kann. Wir nutzen zur Aufbewahrung der Steine, die wir nicht täglich verwenden, gern kleine Schatullen. Dennis hat zum Beispiel für seine Vielzahl an Bergkristallen eine schöne Box. Die restlichen Steine bewahrt er meist in unterschiedlichen (teils beschrifteten) Schachteln auf, die man gut ordnen kann. Sehr wertvolle Kristalle wickeln wir häufig zusätzlich in Samt ein.

Was bei häufiger Benutzung passieren kann:
Tatsächlich können, wie du vielleicht auch schon bemerkt hast, deine Kristalle mit der Zeit trüb und glanzlos werden, sogar Risse bekommen oder auseinanderbrechen. Das passiert, wenn der Stein seine Lebensenergie auf uns Menschen oder unsere Umgebung überträgt und dabei energetisch zu sehr entladen wird. Gerade Kristalle, die wir für bestimmte und wichtige Lebensthemen nutzen, benötigen eine aufmerksame Pflege.

Grundsätzlich empfehlen wir, jeden Stein nach Gebrauch zu entladen, um die aufgenommenen Informationen zu löschen.

Vor der ersten Benutzung:
Viele Steine lassen sich unter lauwarmem Wasser (bitte frage deinen Steinhändler, ob dies möglich ist) sanft abwaschen. Die mentale Vorstellungskraft bewirkt hier Wunder: Stelle dir vor, wie beim Abwaschen jegliche energetischen Informationen aus dem Kristall gelöst und abtransportiert werden. Dein Kristall ist nun resettet.

Drei weitere einfache Möglichkeiten:
Lege deinen Kristall über Nacht in eine Schale mit Salzkristallen, und entferne anschließend das Salz, da es häufig negativ schwingende Informationen aus deiner Umgebung aufsaugt. Der Kristall ist nun gereinigt und bereit, für dich zu arbeiten.

Das Räuchern mit Salbei, Palo Santo oder Weihrauch ist eine effektive und gute Möglichkeit, deinen Kristall zu klären und zu reinigen. Zünde dazu den gewünschten Stoff an, und schwenke deinen Kristall mehrmals über den Rauch. Somit ist er geklärt und frei von Belastungen.

Manchmal haben wir weder Räucherstoffe noch Wasser zur Verfügung, um unsere Kristalle zu klären. Hier hilft nur das mentale Umprogrammieren und Clearing. Nimm deinen Kristall in die Hand, und stelle dir vor, wie dieser von Fremdenergien gereinigt, geklärt und neu ausgerichtet wird. Du kannst dir ebenfalls vorstellen, wie du ihn am Fuße eines Wasserfalls entlädst und reinigst.

Kristalle entladen und aufladen:
Alle Kristalle können auch über Nacht in einer Schale aus mehreren kleinen Hämatiten entladen werden. Hämatit gehört zu den stark leitfähigen Kristallen, die Energien sehr gut aufnehmen können, und wirkt somit ähnlich dem Wasser.

Um deine Kristalle aufzuladen und auszurichten, kannst du sie, nachdem du mit ihnen gearbeitet hast, bei Sonnenauf- und/oder -untergang für eine Stunde ins Tageslicht legen (nicht direkt in die Sonne).

Eine weitere Möglichkeit des Aufladens ist, deinen Kristall über Nacht oder für mehrere Stunden in ein Bad aus kleinen Bergkristallen zu legen. Dadurch wird der Kristall mit neuer Energie aufgeladen, ohne dass zusätzliche Schwingungsinformationen übertragen werden.

Programmierung (d)eines Kristalls:
Eine wunderbare Möglichkeit, deinen Kristall zu programmieren, ist es, ihn auf eine bestimmte Intention auszurichten, indem du ihm sagst, wie er für dich arbeiten darf. Das Schöne ist: Du wirst immer wieder an deine Intention, deinen Wunsch bzw. dein Ziel erinnert, sobald du mit dem Kristall in Kontakt kommst.

Wir geben vielen unserer Kristalle sogar eigene Namen, da wir mit ihnen wirklich intensiv und aufmerksam arbeiten. Es macht sie für uns persönlicher, wodurch es uns leichter fällt, einen Bezug zum jeweiligen Kristall herzustellen.

Übung:

Einen Kristall programmieren

Beginne damit, deinen Kristall zu reinigen. Komme zur Ruhe, und atme einige Male tief ein und aus, während du deinen Kristall in der Hand hältst. Spüre, wie die Energie des Kristalls beginnt, sich in deinem gesamten Energiefeld auszubreiten.

Nachdem du wahrnimmst, dass du mit ihm verbunden bist, öffne deinen Geist und den Raum deiner Seele einer für dich annehmbaren Kraft (Gott, die All-Liebe, das Leben selbst), und bitte darum, dass dieser Kristall von all dem gereinigt wird, was ihn möglicherweise noch in einer niederen Schwingung hält.

Nachdem du mit deiner Seele und dem Kristall eingeschwungen bist, werde dir deines Herzenswunsches, deiner Intention oder deines Ziels bewusst. Stelle dir dabei vor, wie sich die höchstmögliche Energie anfühlt, die dich glücklich, frei und lebendig macht – lasse all dies nun in den Kristall fließen.

Sprich folgende Intention dreimal laut oder in Gedanken in den Stein: *»Ich programmiere diesen Stein mit der Energie von …«* oder: *»Ich programmiere diesen Stein auf …«* Nimm dann einen tiefen Atemzug, und drücke in deiner ganz eigenen Form Dankbarkeit aus, z. B., indem du den Stein vor dein Herz hältst oder mehrmals Danke sagst und somit bekräftigst, dass dieser Stein fortan deine ganz persönliche Intention in sich trägt.

Natürlich ist es möglich, einem Stein mehrere Intentionen zu geben. Doch wir empfehlen, jedem Stein nur eine Absicht zu übertragen, da dadurch dein eigener Fokus um ein Vielfaches stärker wirkt.

Solltest du nach einiger Zeit spüren, dass dein Kristall sich einer neuen Intention widmen darf, führe die Schritte erneut aus.

Aura Clearing

Wusstest du, dass jeder Gedanke und jedes Gefühl unsere Ausstrahlung beeinflusst? Dass sogar Nahrung, die wir zu uns nehmen, die Umgebung, in der wir uns aufhalten, und Menschen uns durch ihre Ausstrahlung beeinflussen?

Die Aura ist eine elektromagnetische Schwingungsfrequenz, die alles im Universum umgibt. Sie zeigt an, wie viel Vitalität und Lebensfreude wir ausstrahlen und wie ganz allgemein unsere Strahlkraft wirkt. Durch Umwelteinflüsse, Ängste, Blockaden und toxische Emotionen wie Gier, Neid, Hass und Missgunst entstehen Schwingungen, die unseren Alltag und somit auch die zukünftige Lebenszeit beeinflussen, wodurch unsere Aura geschwächt wird. Jeder von uns hat die folgende Situation schon einmal erlebt: Wir fühlen uns wunderbar, sind voller Energie, und dann treffen wir auf einen Menschen und fühlen uns nach der Begegnung mit ihm deprimiert und ausgelaugt. Oder wir erhalten eine beunruhigende Nachricht, und unser Energielevel ist von jetzt auf gleich im Keller.

Es ist daher wichtig, unsere Aura hin und wieder zu klären, sie zu schützen und aufzuladen.

Sobald wir einen Kristall in den Händen halten, wird unser Bio-Energiefeld in Sekundenschnelle beeinflusst, und unsere Aura sowie unser Innerstes beginnen, sich zu wandeln, zu harmonisieren, zu klären und auszurichten.

Wir möchten dir hier ein paar einfache Methoden mit Kristallen vorstellen, die du immer dann anwenden kannst, wenn du spürst, dass deine Aura Klarheit benötigt. Empfehlenswert ist es, eine der Methoden wöchentlich anzuwenden und darüber hinaus täglich mit einem oder mehreren Kristallen in Verbindung zu sein (z. B. durch Armbänder oder Halsschmuck).

Übung:

Aura-Clearing mit einem Kristallstab

Kristallstäbe sind wunderbare Energieleiter, die unsere Aura klären und reinigen können. Am besten eignet sich ein Stab aus Selenit, Bergkristall oder schwarzem Turmalin. Dieses Ritual kannst du täglich durchführen, um dich zu reinigen und deine Aura sowie Ausstrahlung zu verbessern.

Was du dazu brauchst:

- 1 Kristallstab
- etwas Weihrauch oder ein klärendes ätherisches Öl wie z. B. Zitrone oder Pfefferminze

Ritual:

- Suche dir einen passenden Ort, der für dich Ordnung und Ruhe ausstrahlt. Das kann auch ein Platz in der Natur sein. Nimm deinen Kristallstab zur Hand. Stelle dich aufrecht hin, und visualisiere, wie deine Füße sich fest mit der Erde verbinden.
- Führe nun den Kristallstab hinab zu deinen Füßen, und berühre mit ihm die Erde unter dir. Stelle dir vor, wie der Kristall von Mutter Erde aufgeladen wird. Nimm einige bewusste Atemzüge, bis du spürst, dass du bereit bist, deine Aura zu klären und zu energetisieren.
- Fahre nun um deine Aura entlang. Spüre genau, wo du vielleicht Verhärtungen oder andere Blockaden wahrnehmen kannst, und streiche mehrmals über die jeweilige Stelle, bis sich diese leichter und freier anfühlt.
- Fahre fort, indem du den Kristallstab entlang deiner Aura bis zum Scheitel führst, dort einige Atemzüge lang verweilst und dir vorstellst, wie die kosmische Urkraft den Kristall entlädt und gleichzeitig mit göttlich-reiner Energie auflädt.
- Nun fahre vom Scheitel aus entlang deiner Aura wieder hinab, und stelle dir vor, wie diese nun ausgerichtet, aufgeladen und in ihren bestmöglichen Ursprung geführt wird. Spüre auch hier, welche Bereiche besondere Aufmerksamkeit benötigen.
- Wenn du an deinen Füßen angekommen bist, lege den Kristall vor ihnen ab, schließe die Augen, und atme. Du wirst möglicherweise ein inneres Pulsieren spüren oder sogar ein Schwanken – dies ist völlig in Ordnung, da sich dein Energiesystem ausrichtet, lichtet und harmonisiert. Spüre diese Energie, indem du für einige Augenblicke meditativ in dich und deinen Körper hineinspürst.

Meditation:

Aura-Clearing durch Kristallmeditation

Was du dazu brauchst:

- Kristalle, die zu deinem Anliegen passen
- oder 7 Kristalle, den Chakras angepasst

Die Kristallmeditation ist eine wunderschöne und sanft aufrichtende Reise zu dir selbst. Sie reinigt deine Chakras (Energiezentren) und somit auch deine Aura und richtet sie entsprechend aus. Du wirst durch die Kraft der Kristalle in eine tiefgehende Meditation geführt, die zu einem unvergesslichen Erlebnis werden kann.

Die 7 Chakras und die dazugehörigen Kristalle:

- WURZELCHAKRA / Thema: Erdung, Stabilität, Materie
  Roter Jaspis, Rauchquarz oder Granat
- SAKRALCHAKRA / Thema: Kreativität, Sexualität, Energie
  Karneol, Engel-Aura-Quarz oder Tigerauge
- SOLARPLEXUS / Thema: Persönlichkeit, Lebensfreude, Gefühle
  Citrin, Pyrit, Orangencalcit oder Tigerauge
- HERZCHAKRA / Thema: Liebe, Selbstliebe, Mitgefühl
  Rosenquarz, Aventurin, Engel-Aura-Quarz, Fluorit oder Malachit
- HALSCHAKRA / Thema: Kommunikation, Ausdruck, eigene Wahrheit
  Blauer Achat, Angelit, Lapislazuli oder Türkis
- DRITTES AUGE / Thema: Vision, Innenschau, Träume
  Amethyst, Fluorit oder Labradorit
- KRONENCHAKRA / Thema: Göttlichkeit, Klarheit, Seele
  Bergkristall, Engel-Aura-Quarz, Amethyst oder Ametrin

Solltest du einen oder mehrere der Steine nicht zur Hand haben, kannst du entweder für das jeweilige Chakra einen Bergkristall nutzen oder einen Engel-Aura-Quarz.

Ritual:

- Suche dir einen Ort, an dem du für einige Zeit ungestört bist und dich auf den Boden legen kannst. Wähle intuitiv die für dich passenden Kristalle aus.
- Atme mehrmals ein und aus, sodass du in eine meditative Stimmung kommst, und sprich folgendes Affirmationsgebet, während du alle sieben Kristalle in deinen Händen hältst: *»Ich bin bereit, mich und mein Energiesystem mithilfe der Erd- und Himmelskraft zu klären und zu ordnen. Ich bin bereit, mein Energiesystem auf die höchste Schwingung von … (z. B.: Liebe, Einheit und/oder Freude) auszurichten. Jetzt. Danke.«*
- Beginne an deinem Wurzelchakra, und lege den entsprechenden Kristall zwischen deine Oberschenkel. Lege nun alle Kristalle vom Sakralchakra bis zum Dritten Auge der Reihe nach auf die entsprechenden Chakras am Körper. Lege zum Schluss den Kristall für das Kronenchakra oberhalb deines Kopfes aus.
- Genieße dieses belebende Clearing für 10–30 Minuten.

Es ist auch möglich, ein spezifisches Chakra durch Auflegen eines Kristalls zu reinigen und zu energetisieren. Lege dazu den Kristall auf das Chakra, und lasse dir Zeit zum Fühlen. Der Kristall beginnt nun, auf sanfte und zugleich kraftvolle Weise für dich zu arbeiten.

Übung:

Aura-Clearing to go

Wir alle kennen Zeiten, in denen wir in der geschäftigen Welt kaum zu uns selbst kommen und dennoch kleine Rituale anwenden wollen. Dieses kleine Crystal Grid ist die einfachste Möglichkeit, deine Aura und Energie zu verbessern.

Was du dazu brauchst:

- 1 Foto von dir, auf dem du glücklich bist
- 7 Bergkristalle oder 7 Quarzkristalle
- 1 Fokuskristall deiner Wahl
- 1 Bund Salbei, Palo Santo oder Weihrauch

Ritual:

- Reinige das Foto und deine Kristalle mit Weihrauch oder einem ähnlichen Räucherstoff.
- Lege das Foto an einen geeigneten Ort. Platziere nun die sieben Kristalle um das Foto herum, und stelle den Fokuskristall auf die Mitte des Fotos. Bitte deine Höhere Führung, die Engel oder das Universum darum, dass du in der nächsten Zeit fortwährend von Fremdenergien gereinigt wirst, deine Aura sich klärt und deine Energie auf deine Seelenkraft ausgerichtet wird.
- Gehe nun täglich zu deinem kleinen Altar, halte für einige Atemzüge deine Handflächen über das Grid, und visualisiere, wie Liebe, Licht und Frieden in dich hereinfließen.

Sobald du Veränderungen wahrnimmst, kannst du das Grid lösen. Die Energie ist nun in dir verankert. Wiederhole dieses Ritual, wann immer dir danach ist.

Magische Grids

Crystal Grids sind wahrlich magische Anker und Lenker von Energien, die unserem Alltag mehr von dem geben, was wir uns wünschen und anziehen wollen. Sie stehen in Zusammenhang mit der Heiligen Geometrie, die sich in allem Leben ausdrückt.

Die Vorteile eines Crystal Grids

Es ist entzückend großartig, wie einfach und doch effizient ein Crystal Grid sein kann, denn im Grunde geht es um nicht mehr, als die Kristalle und Gegenstände in ein gleichmäßiges Muster zu legen und dabei die Intention zu halten, was du mit dem Grid erreichen möchtest. Das Crystal Grid unterstützt dich in deinen Vorhaben und Wünschen. Durch seine Komponenten kannst du deinen Gedanken Struktur und Ausdruck verleihen, ihnen einen heiligen Platz erschaffen und sie sichtbar machen, sodass sie in die Wirklichkeit treten können. Das Grid ist wie ein Portal, in das du deine Visionen hineinsprechen kannst. Durch die verschiedenen Formen und Legetechniken kannst du noch mehr Energie in diese Träume hineinfließen lassen. Das Grid wird dich bei der Verwirklichung unterstützen, es darf dir aber auch dazu dienen, dich auf das zu fokussieren, was du wirklich möchtest, und dir einen Schutzraum bieten, in dem du zur Ruhe kommen und deine Ideen entstehen lassen oder ordnen kannst.

Ein Crystal Grid ist etwas ganz Persönliches und darf aus dir heraus entstehen, dabei kannst du dich genau an unsere Anleitung halten oder dich lediglich davon inspirieren lassen. Für uns ist ein Crystal Grid wie ein Booster, der alles ins Rollen bringt und die Energien um uns herum, aber auch in uns glättet und neu ausrichtet. Ein Crystal Grid kannst du überall errichten. Du kannst dabei ganz für dich sein oder es gemeinsam mit Freunden und deiner Familie legen. Wir beide haben es immer sehr genossen, zusammen zu wirken, aber auch jeder für sich selbst. Ebenso haben wir schon füreinander ein Crystal Grid gelegt. Denn auch dies ist möglich, um jemanden zu unterstützen, allerdings immer unter der Voraussetzung, dass dich dein Gegenüber darum gebeten oder dir dazu die Erlaubnis erteilt hat. Bei den Crystal Grids gilt wie bei allem anderen: Wir dürfen unseren freien Willen behalten, und dieser sollte immer respektiert werden.

Ein Crystal Grid darf uns bei allem Möglichen unterstützen, zum Beispiel:

- in eine **leichte Schwingung** zu kommen, denn es kann dir ein positives Gefühl schenken,
- **Harmonisierung** und damit einen positiven Impuls für deine Gesundheit auf allen Ebenen zu erlangen,
- den **Fokus** auf deine Ziele zu setzen,
- **Negativität** zu mindern,
- **Träumen und Visionen** eine Form zu geben und sie in die Wirklichkeit treten zu lassen,
- **Ideen** in einen gegenständlichen Zustand/in die physische Form zu bringen,
- deiner **eigenen Kraft** Ausdruck zu verleihen und diese zu verstärken,
- deine **Beziehungen** auf allen Ebenen wachsen zu lassen,
- Themen mit deinem **Partner,** deiner **Familie und Freunden** zu bereinigen,
- dein ganzes **Zuhause** zu harmonisieren,
- **emotionale Blockaden** loszulassen, egal, ob sie vergangen sind oder aktuell,
- dich in Situationen zu **ermächtigen,** in denen du dich ohnmächtig und nutzlos fühlst, weil du nicht weißt, was du tun kannst,
- den **nächsten Schritt** zu tun,
- **Selbstsicherheit und Vertrauen** zu gewinnen,
- die **Wahrnehmung** zu verbessern, **Ruhe** in den Gedankenpalast einziehen zu lassen und die Nebel in dir zu lüften,
- in die **Bewegung** zu kommen,
- (tiefer) in die **Meditation** zu kommen,
- **Sorgen, Ängste, Bedenken und Stress** zu mindern, aber auch deine **Laune** aufzuhellen,
- die **Kontrolle** über dich selbst wiederzuerlangen,
- dein **Zeitmanagement** zu verbessern,
- dein **spirituelles Bewusstsein** und deine Fähigkeiten zu steigern,
- **Fülle** auf allen Ebenen zu kreieren,
- deinen **Energielevel** zu steigern, sodass du auf höchstem Niveau arbeiten kannst,
- ein **befreiendes Gefühl** zu spüren.

Die Farben der Kristalle

Jeder Kristall wirkt für sich, nicht nur durch seine Struktur und Beschaffenheit, sondern auch durch seine Farbe. Die Farbe verstärkt die Energie und Kraft deines Grids noch einmal um ein Vielfaches. Bestimmt hast du schon einige Kristalle zu Hause und möchtest sie in das eine oder andere Grid einfließen lassen, dann tue dies bitte auch. Gehe dabei ganz intuitiv vor. Die jeweilige Farbe des Steines kann dir dabei einiges darüber verraten, wobei dich der Stein unterstützen kann.

ROT

Leidenschaft, Vitalität, Standhaftigkeit, Mut, Sexualität, Element Feuer, Kraft, Gesundheit, Lust, Unabhängigkeit, Durchsetzungsvermögen, Fruchtbarkeit; unterstützt bei Gefahr und Konflikt

ORANGE

Kreativität, Selbstdarstellung (sich sichtbar machen), Spaß, Freude, geschäftlicher Erfolg, Festlichkeit, Lebenskraft, Ermutigung, Anpassungsfähigkeit, Freundlichkeit, Anregungen; unterstützt bei Überwindung von Süchten, bei Rechtlichem und hilft, Chancen zu ergreifen

GELB

Wissen, Lernen, Konzentration, Anmut, Selbstvertrauen, Freude, Geborgenheit, Erfolg, Inspiration, Imagination, Reisen, Glaubwürdigkeit, Überzeugung, Glück; unterstützt dabei, die Eifersucht zu kontrollieren und das Gedächtnis zu schulen

GRÜN

Finanzen, Fruchtbarkeit, Glück, Ehe, Reichtum, Überfluss, Wohlstand, Heilung, Wachstum, Pflanzen, Erfolg, Energieerhöhung; unterstützt bei Verjüngung und der Überwindung von Neid, Gier

BLAU

Ruhe, Verständnis, Geduld, Gesundheit, Wahrheit, Hingabe, Loyalität, Frieden, Weisheit, Astralreisen, Kommunikation, Willenskraft, Fokus, Vergebung, Aufrichtigkeit, Meditation; unterstützt bei Diäten

VIOLETT

Kraft, Weisheit, Spiritualität, Schutz, Heilung, Erhöhung der psychischen Fähigkeiten, Wissen, Intuition, Klarheit, Einsicht; unterstützt dabei, mit Gewohnheiten zu brechen, erhöht die Visionskraft des Dritten Auges und Schwingungen, hilft bei Trauer

PINK

Liebe, Mitgefühl, Freundschaft, Romantik, Heilung, Harmonie, Selbstverbesserung, Reife, Zuneigung, selbstlose Gefühle, Partnerschaft; unterstützt bei der Verbannung von Hass und beim Schutz von Kindern

SCHWARZ

Erdung, Weisheit, Lernen, Schutz, Stolz, Vertreiben von Negativität, Verteidigung; unterstützt beim Auflösen von Magie

BRAUN

Haussegen, Konzentration, Stabilität, materielle Güter; unterstützt in Finanzkrisen

KLAR UND WEISS

für jeden Zweck, Einheit, Klarheit, Reinigung, Frieden, Gleichgewicht, Spiritualität, Heilung, Einfachheit, Wahrheit, Loyalität, Konzentration, Stärke

Die Formen der Kristalle

Nicht nur die Farbe, sondern auch die Form der Kristalle kann die Wirkung deines Grids unterstützen. Jeder Kristall wirkt natürlich durch seine Art, aber auch durch seine Form, sie beeinflusst die Energie und Kraft deines Grids maßgeblich.

Trommelsteine können vielseitig eingesetzt werden, sie eignen sich für alle Grids, aber auch bei Meditationen und Affirmationen, denn sie strahlen die Energie in alle Richtungen aus.

Ein länglicher Quarzkristall, an dessen Basis kleinere Kristalle angeordnet sind, unterstützt dich bei dem Thema »Fülle auf allen Ebenen« und ist der Stein der Wahl, wenn es um Reichtum und Überfluss geht oder es eines »Vermittlers« in geschäftlichen Dingen bedarf.

Ein Kristall mit natürlicher Spitze, der nicht notwendigerweise lang sein muss, kann Energien aufbauen, indem er mit der Spitze in die Richtung eines Objektes gehalten oder gelegt wird, oder Energie in einen Mittelpunkt ziehen. Er kann aber auch Energien ableiten, wenn die Spitze vom Objekt wegzeigt. Kristalle mit Spitze unterstützen zudem bei Reinigungs- und Heilungsarbeit und stärken den positiven Flow.

Ein Manifestationskristall hat sechs Facetten (gleiche oder ungleiche Proportionen), die auf eine Spitze treffen. Er verstärkt die Energie und Kraft anderer Steine, aber auch eines Steines seiner eigenen Art. Er wirkt wie ein Generator und unterstützt beim Manifestieren und Visualisieren.

Eine Geode ist von außen unscheinbar, wenn sie allerdings geöffnet ist, enthüllt sie einen Hohlraum, in dem Kristalle funkeln. Aufgrund ihrer geschlossenen Form haben Geoden die Fähigkeit, Energie im Inneren zu halten und diese »weich« oder »samtig« zu machen, sodass sie auf natürliche Weise hinausfließen und gleichmäßig verteilt werden kann. Diese Art von Kristallen eignet sich zum Schutz oder zur Unterstützung, aber sie hilft auch der Harmonisierung von Suchtgewohnheiten.

Rohsteine besitzen ihre natürliche Form, sie wurden also weder geglättet noch poliert oder anderweitig verändert. Sie ähneln in der Anwendung den Trommelsteinen, denn sie unterstützen jegliche Art der spirituellen Arbeit.

Kristalle, die in Form einer Pyramide geschliffen wurden, eignen sich zur Abwehr von negativer Schwingung oder zum Entfernen von Blockaden. Diese Form ist auch eine gute Wahl für die Manifestation, und die Wirkung eines Grids kann durch sie verstärkt werden. Zudem unterstützt solch ein Stein beim Heilungsprozess und in der Meditation.

Ein Kristall, der zu einer Kugel geschliffen wurde, kann dich dabei unterstützen, Vergangenheit und Zukunft zu verbinden. Da die Kugel gleichmäßig ist, können Licht, Energie und Zeit ohne Hindernisse durch sie hindurchgehen. Sie unterstützt dabei, sich ganz und allverbunden zu fühlen, und ist ein Sinnbild für die Welt und Mutter Erde sowie für das göttliche Prinzip.

Ein Quadrat oder Würfel als Kristall hilft dir bei der Erdungsarbeit und dabei, negative Energie in positive Energie umzuwandeln. Diese Kristalle sind ein hervorragendes Werkzeug für Achtsamkeit und Konzentration, besonders wenn du detaillierte Aufgaben erfüllen sollst. Es geht dabei um die Aspekte »wertbeständig«, »unterstützend« und »zuverlässig«.

Kristalle in Form eines Herzens unterstützen dich bei der Liebe, Partnerschaft und auch bei all deinen Emotionen. Sie sind Verbündete, die dazu beitragen, die Liebe zu nähren.

Die Eiform kann verwendet werden, um das eigene Energiefeld abzuschirmen, zu heilen oder zu verstärken. Sie kanalisiert die Energien von Erneuerung, Transformation und Neuanfang. Sie steht aber auch für Geburt und unterstützt beim Start eines neuen Projekts.

Kristallengel verankern Engelenergien und helfen dir, dich mit Engeln oder deinen Schutzengeln zu verbinden. Sie schenken auch energetische Unterstützung und Schutz.

Ein Kristallzauberstab ist ein massives Kristallstück, das entweder in einen facettierten Stift mit Spitze oder abgerundet geschliffen wurde. Er hilft dabei, die Energien des Kristalls zu lenken. Er kann aber auch andere Energien und Heilungsimpulse kanalisieren oder senden. Das abgerundete Ende oder das dickste Ende eines Kristallstabes kann verwendet werden, um negative Energien abzuleiten.

Ein Kristallschädel unterstützt dich dabei, dich mit deiner Ahnenlinie, mit Vorfahren, Aufgestiegenen Meistern oder anderen spirituellen Lehrern zu verbinden. Er kann auch zur Heilung, zum Schutz und zum Anwenden von altem Wissen eingesetzt werden.

Ein Kristall in Form eines Obelisken ist facettenreich geschliffen und hat eine Spitze. Er unterstützt bei der Verbindung zwischen der physischen und der Geistigen Welt.

Kristalle in Form eines Tieres unterstützen bei der Verbindung mit Tieren, Krafttieren und Totems, zudem bringen sie die Energie in Bewegung.

Die Zahlenmagie der Grids

Neben Farbe und Form hat auch die Anzahl der Kristalle sowie der einzelnen Steinsorten in einem Grid Einfluss auf dein Vorhaben und kann es positiv unterstützen.[*] Wir haben uns entschieden, die Anzahl einfach und mühelos zu handhaben. Natürlich benutzen wir auch mal zehn oder mehr Steine. Bei mehrstelligen Zahlen darfst du dich an den Bedeutungen der einzelnen Ziffern orientieren.

* *Es gibt natürlich auch noch zahlreiche weitere Bedeutungen und womöglich andere, als wir hier beschreiben. Lasse dich nicht beirren, und vertraue im Zweifel auf dein Gefühl, welche Zahl für dich welche Bedeutung hat.*

1 Ursprung des Lebens, Schöpfungskraft, das reine Sein, Einheit, Magie, Glück, Expansion, Höheres Selbst, universelle Verbindung

2 Seelenverwandtschaft, Intuition, Vertrautheit, Verständnis, männliche und weibliche Anteile, Dualität, Verbindung von Wille und Wissen, Akzeptanz, Hingabe, Loslassen, Polarität, Verbindung mit dem Gegenüber, Ausrichten in und mit der Liebe

3 Sensibilität, Emotionalität, schöpferische Kraft, die »Drei-Einigkeit«, Harmonie, Trennung, Erfahrung von Transzendenz, höhere Macht, Aufgestiegene Meister, Ausdehnung

4 Handlungen und Taten, Elemente, Himmelsrichtung, Stabilität, Manifestation, Engel, Erzengel, Transformation, Ausdehnung, Entwicklung, Kommunikation, Erweiterung

5 Spiritualität, bedingungslose Liebe, Weisheit, Meditation, Bereitschaft, Heilung, Verbindung der Dualität und der Dreiheit, Hörigkeit, Macht und Kraft, Veränderung, Handlung

6 Liebe, Sexualität, Erotik, beglückende Gefühle, Prüfungen, Fortpflanzung, Entscheidungen, vollkommene Zahl der Mitte, Reinigung, Wandlung, Erkenntnis, Balance, Vorsicht

7 Fortschritt, Sieg, Überwindung, Mystik, Heiligtum, Schutz, göttliche Zahl, Neuanfang, Reise in erweiterte Seinsbereiche, Lust, Lebensfreude, Ehrlichkeit, Weite, Freiheit, Leichtigkeit, Ausstrahlung, Magie, Inspiration

8 Gerechtigkeit, Harmonie, Handeln, Balance, Neuschöpfung, Reinheit, Zentriertheit, Einheit, Klarheit, Verstrickungen, Dunkel ins Licht bringen, Prüfungen, Wachstum, Wandler

9 Weisheit, Besinnung, höchste Schwingung, Vollkommenheit, Rückzug, Befreiung, Offenheit, Lebensfreude, Ekstase, Selbstmeisterung

Übung:

Personalisiere dein Crystal Grid

Du darfst deine Grids natürlich sehr gern personalisieren, indem du zum Beispiel auch andere Objekte als Steine einfließen lässt, wenn du dazu einen Impuls verspürst. Es ist nicht erforderlich, dass du das Grid damit bestückst, wenn du allerdings eine Idee hast, dann folge dieser gern. Lasse dich einfach inspirieren, schaue dich dazu in deinen Räumen oder in der Natur um, und lasse dich von deinem Gefühl leiten. Wenn du dein Grid genau so legen möchtest, wie wir es dir in diesem Buch zeigen, ist das natürlich auch in Ordnung.

Muscheln tragen die Energie des Ozeans in sich und sind ein wunderbares Symbol für Frieden und Harmonie.

Blumen und Blätter stehen für Wachstum und Verjüngung. Achte darauf, dass du kräftige Farben aussuchst, um Kraft, Stärke und Energie zu verbreiten, oder hellere Farben, um Ruhe und Entspannung zu erzeugen. Lasse die frischen Blumen oder andere Elemente für die Dauer des Grids bitte liegen, damit sie natürlich trocknen, und ersetze sie nicht.

Natürlich kannst du auch Schmuck hinzufügen, um deinem Grid ein ganz persönliches Element hinzuzugeben.

Federn können integriert werden, um Engelenergie oder auch die Kraft der Ahnen einfließen zu lassen, aber auch, um Weisheit und Einsicht zu präsentieren.

Fotos sind wunderbare Ergänzungen beim Aufbau von Grids, um die jeweilige Person mit dem Grid zu unterstützen.

Runen werden auch gern verwendet. Sie haben ihre eigene magische Schwingung und Bedeutung und können so deinem Grid ihren ganz eigenen Zauber verleihen, aber dich auch mit den Ahnen verbinden, da das Runenwissen zu unseren germanischen Wurzeln gehört.* Aber es ist auch möglich, das Grid selbst in der Form einer Rune zu legen.

---

* *Es gibt tolle Bücher zu den Runen, und wir können jene unserer Autorenkollegin Antara Reiman zu diesem Thema empfehlen. Allerdings wollen wir dir hier gleichwohl einen kleinen Einblick von unserer Zuordnung geben: »Fehu« für Fülle und Wohlstand; »Uruz« für Auflösung der Selbstzweifel; »Gebo« für Partnerschaft; »Wunjo« für die Freude; »Jera« dafür, materielle Dinge anzuziehen; »Tiwaz« für den gewinnenden Erfolg; »Berkana« für die Kreativität und zum Kreieren; »Thurisaz«, um eine Veränderung herbeizuführen.*

Die Magie der heiligen geometrischen Formen

Crystal Grids kann man in den verschiedensten Formen legen. Das sieht nicht nur gut aus, sondern folgt auch einem tieferen Sinn. Wir wollen für dich hier die Basics aufschlüsseln, damit es dir leichter fällt, aus den verschiedenen Formen auszuwählen und mit ihnen eigene Grids zu gestalten. Zudem möchten wir dir bewusst machen, dass neben den Farben der Steine, ihrer Form oder Anzahl gerade die heilige geometrische Form, die dem Crystal Grid zugrunde liegt, seine besondere Magie ausmacht. Die Heilige Geometrie ist in jedem Atom, jeder Zelle, in allem, was ist, existent. Sie spiegelt die perfekte göttliche Harmonie wider. Das wussten bereits die alten Ägypter, Griechen und Römer, die die Proportionen ihrer Bauwerke auf Grundlage der Heiligen Geometrie errichteten. Dieses Phänomen wurde in allen Kulturen weltweit und unabhängig voneinander entdeckt, was diese geometrischen Muster so einzigartig und lebendig macht.

Alles im Leben basiert auf Mustern, Schwingungen und Strukturen, die sich in Form der Heiligen Geometrie vereinen und uns in eine tiefere Verbindung und in Harmonie mit dem Universum und der Schöpfung führen.

Die wichtigsten Formen und ihre Bedeutung im Überblick:

LINIE

männliches Prinzip, Zauberer, Zielstrebigkeit, Richtungsweiser, Einheit, Verbindungen, Aktion, Willensstärke, Unerschütterlichkeit, Mut, Unität, Absicht, Fokus

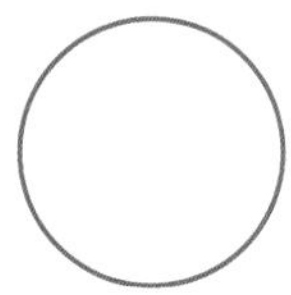

KREIS

weibliches Prinzip, Einheit, das Universelle, das Vollkommene, Himmel, unendliche Liebe, Unendlichkeit, Wiederkehr, Schutz, Zeitlosigkeit, Raumlosigkeit, Sonne, Universum, Ur-Ei, Ganzheit, Geborgenheit, Ring, Zyklus, Unbegrenztheit, Schönheit

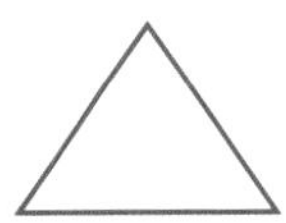

DREIECK

in der Waage halten, Dynamik, starke Basis, männliche Zeugungskraft (wenn die Spitze nach oben zeigt), weibliche Kraft (wenn die Spitze nach unten zeigt), Schöpferkraft, Licht, Erleuchtung, Transzendenz, Tiefe, Verbundenheit, Vermittlung, Göttlichkeit, allsehendes Auge, Trinität, Vater und Mutter und Kind; zwei Dreiecke übereinandergelegt ergeben den sechszackigen Stern, der für Vereinigung steht, und viele Dreiecke übereinandergelegt sind ein Symbol für die Vereinigung von Gegensätzen

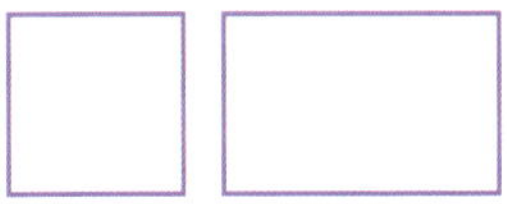

QUADRAT & RECHTECK

Materie, Erde, Grundlage, verleiht Gewicht, Symbolik des Weiblichen, Wirken der vier Elemente oder Himmelsrichtungen oder Jahreszeiten, Zusammenwirken, Kosmos, Körper, Abgrenzung, Perspektivenwechsel, Grenzen, Schönheit, Wirklichkeit, Ganzheit, Selbstwahrnehmung

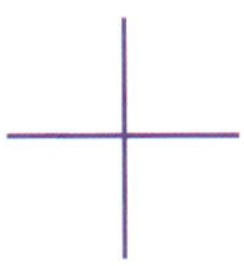

GLEICHSCHENKLIGES KREUZ

Verbindung in alle Sphären, Dimensionen und Reiche; Schutz, Navigation, Himmelsrichtungen, Elemente, Wegweiser, Entscheidungen Ausdruck verleihen, Magie, Orientierung, Gleichgewicht, Zeit und Raum, Sonnenwende, Sonnenlauf, Bewegung, Aktivität, Richtungsweisung, Zentrum, Erde, Energie, aufbauend, Vereinigung; ein Kreis um das Kreuz zeigt die Erde, die vom Universum umrahmt ist

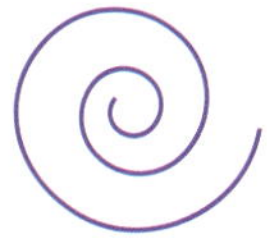

SPIRALE

Weg der Erkenntnis, Erleuchtung, Wachstum; Verbindung von Vergangenheit, Gegenwart, Zukunft; innen nach außen, aber auch außen nach innen; Wandel, Veränderung, Leichtigkeit, Schöpfungskraft, Ordnung allen Seins, Dreieinigkeit, Toröffnung, Lemuria in Verbindung mit dem schützenden Dreieck

SAME DES LEBENS

gilt als Frucht des Lebens; enthält jedes Atom und ist der Bauplan jeglicher Schöpfung; »Es werde Licht«, Harmonie, Ordnung und Struktur, Wachstum, Dualität, Realität, göttlicher Ursprung, Neubildung, Neuanfang

BLUME DES LEBENS

Schöpfung Gottes, Schutz, Energie, Energieerhöhung, Schwingungen aussenden, positive Energien anziehen, energetische Signatur verbessern, Räume klären und reinigen, Meditation, Einkehr, Minimierung von Elektrosmog, Neubeginn, Transformation, Einheit, liebevolles Sein, Erkenntnisse erlangen

LIEGENDE ACHT

Verbundenheit, Einheit, Unendlichkeit, ewiges Sein, Anziehung, Auflösung, verbessert das Gedächtnis, kosmisches Gleichgewicht, Balance, Harmonie, etwas wird in die göttliche Ordnung geführt

SRI YANTRA

Reise nach innen, in innere Welten; Chakraharmonisierung, Energie aufladen, negative Gefühle und Empfindungen klären und ausgleichen, Selbstvertrauen, mutige Schritte gehen, Antworten aus der inneren Quelle empfangen, Führung, Göttlichkeit, Verbindung, Bewusstsein, Gleichgewicht, Ausdehnung

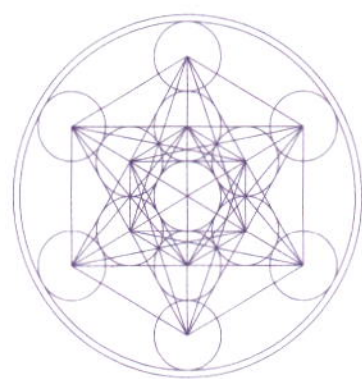

METATRONS WÜRFEL

Schutz, Reinigung, Weisheit, Spiritualität, Akasha, Verbindung zu Engeln, Meisterschaft, Atlantis, Verbindung von männlicher mit weiblicher Energie, Schöpfungskraft, Erzengel, Königlichkeit, Frucht des Lebens, Verbindung mit allen Elementen, Dimensionstor, Hüter, Ausgeglichenheit, Zielsetzung, Orientierung, Verbundenheit

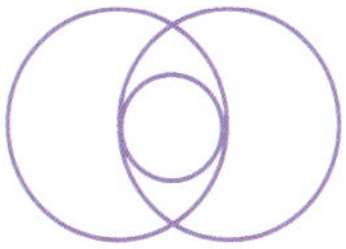

VESICA PISCIS

Verbindung von Himmel und Erde, Geist und Materie, Bewusstem und Unbewusstem, Yin und Yang, Männlichem und Weiblichem; Vision von Einheit, Vulva, Schoß der Entstehung, Schöpfungskraft, Avalon, Ursprungsquelle, Ausgeglichenheit, Harmonie, Beginn der Blume des Lebens, durchdringt die Wirklichkeit, unterstützt den Blick hinter das Verborgene, Sprechen der eigenen Wahrheit, Geburtsakt

Die platonischen Körper kurz zusammengefasst:

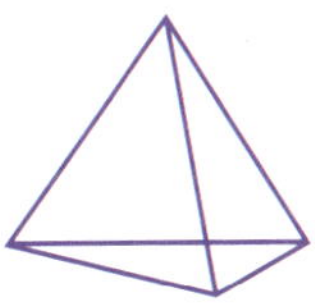

TETRAEDER

Dynamik, Fortschritt, Reinigung, Energie, Feuer

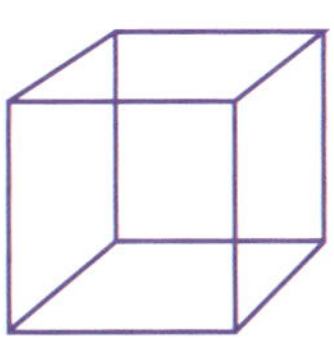

HEXAEDER

Erdung, Konzentration, Neuschöpfung, Stabilität, Erde

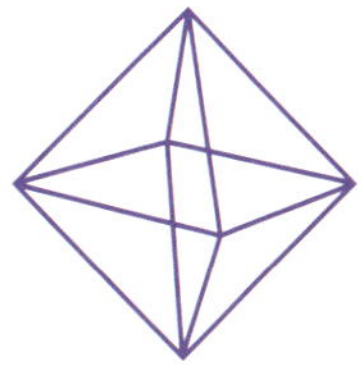

OKTAEDER

Einheitsbewusstsein, Schutz, Gedanken, Ideen, Herz, Luft

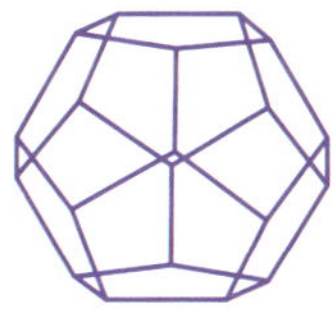

DODEKAEDER

Schöpfung, Liebe, Leben, Christusgitter, Verbundenheit, Äther (Raum)

IKOSAEDER

Hingabe, Urvertrauen, Emotionen, Klarheit, Schutz, Balance, Wasser

Übung:

Forme und aktiviere ein Crystal Grid

Was ist meine Absicht bzw. mein Ziel?
Beispiel:

Freude & Glück | Liebe & Beziehung | Ziele & Wachstum | Intuition & Spiritualität | Fülle & Geld | Gesundheit & Fitness

Welche Energie soll mein Grid tragen?
Beispiel:

Vesica Piscis Neubeginn, Kreation, Innen & Außen

Blume des Lebens Verbindung, Einheit, Schutz

Same des Lebens Wachstum, Energie, Schutz

Sri Yantra Bewusstsein, Balance, Transformation

Metatrons Würfel Energie, göttliches Sein, Schöpfung

Liegende Acht Unendlichkeit, Anziehung, Auflösung, göttliche Ordnung

Welche Kristalle passen zu meinem Grid?
Beispiele:

Pyrit Fülle, Manifestation, Schutz, Mut

Fluorit Harmonie, Sanftheit, Aktivierung, Balance

Schungit kraftvoller Schutz, Entgiftung, Kraft & Ausdauer, Mut

Turmalin Wandlung, Gedankenkräfte, Beschützer, Sicherheit

Bernstein Kreativität, Emotionen & Gefühle, stresslindernd, innere Ruhe

Lemurien-Quarz Balance, Spiritualität, Selbsterkenntnis

Alle Angaben werden vertraulich behandelt.
* Der Newsletter kann jederzeit abbestellt werden.

Name/Vorname: ______________________

Straße: ______________________

PLZ, Ort: ______________________

Telefon: ______________________

E-Mail: ______________________

Geburtsdatum: ______________________

Bitte senden Sie mir:

- ☐ weitere Informationen aus dem Schirner Verlag
- ☐ den Schirner Newsletter (nur als E-Mail*)
- ☐ das SPIRIT live & Schirner Magazin

Diese Karte entnahm ich dem Buch:

____

Würden Sie dieses Buch weiterempfehlen?

____

Vielen Dank!

Bitte freimachen, falls Marke zur Hand ❤

Antwort

Schirner Verlag
Birkenweg 14a
D-64295 Darmstadt

Was du dazu brauchst:

- 1 Zettel und 1 Stift
- verschiedene Kristalle (entweder benutzt du eine unserer Vorlagen, oder du wählst deine Kristalle ganz intuitiv)
- 1 Fokuskristall für die Mitte des Grids
- 1 Tuch bzw. 1 ebener Untergrund, auf das bzw. den das Grid gelegt wird (Hierfür kannst du auch die Vorlagen aus diesem Buch nutzen. Falls du viele Kugeln verwendest, ist eine Samtunterlage hilfreich. Du kannst aber auch ein bedrucktes Tuch oder Brett benutzen. Es sollte jedoch nicht zu überladen sein.)
- 1 Selenitzauberstab oder Aktivierungskristall (klare, spitze Kristalle, z. B. Berenith oder Bergkristall)

1. SCHRITT:

Formuliere deine Absicht

Zu Beginn der Legung eines Crystal Grids ist das Ziel oder die Absicht das Wichtigste, um die Manifestationskraft fokussiert zu lenken. Überlege dir also so klar und deutlich wie möglich, was du mit diesem Grid für dich manifestieren möchtest, und schreibe es auf einen Zettel.

Hier ein paar mögliche Ziele und Absichten:

- Vitalität und Gesundheit
- mehr Fülle, Erfolg oder Wachstum im Leben
- Selbstliebe oder auch Schutz
- Verbindung mit anderen Dimensionen
- verbesserter Schlaf, Ruhe und Ausgeglichenheit
- Glück, Segen oder andere Wünsche für Mitmenschen*
- Auch verschiedene Lebensthemen lassen sich durch eine klare Absicht lösen oder gar löschen, indem du die Intention setzt, dass das, was dich belastet oder was du loslassen möchtest, durch das Grid aufgelöst wird.

*WICHTIG: Formuliere die Absicht als **Affirmation und immer positiv,** z. B. »Ich bin jetzt bereit, mich von dieser Abhängigkeit zu lösen …«*

* *Jedoch vergiss nie, dass dein Gegenüber einen freien Willen hat und bestimmt gefragt werden möchte, bevor du ein Grid für ihn legst.*

2. SCHRITT: Wähle deine Kristalle und dein Muster

Wähle intuitiv die Kristalle aus, die zu deiner Intention passen oder die wir in unseren Grids vorschlagen. Die verschiedenen Bedeutungen der Formen, Farben und Kristalle, die wir im ersten und zweiten Kapitel des Buches beschrieben haben, können dir bei deiner Auswahl helfen. Ebenso verhält es sich mit den Formen der Heiligen Geometrie. Diese Muster verleihen deinem Grid eine zusätzliche Wirkebene. Hier gibt es kein Richtig oder Falsch. Auch wenn du die Wirkung verschiedener Kristalle oder eines Musters nicht kennst, kannst du sie nach dem Legen deines (intuitiv geführten) Grids nachlesen – du wirst erstaunt sein, welche Wirkung sich dir zeigt!

3. SCHRITT: Räuchere den Platz

Wähle einen Ort, an dem du das Grid auslegen möchtest, und reinige ihn, indem du ihn räucherst. Das Räuchern bewirkt, dass du die bestehenden Informationen in diesem Feld klärst, durchlichtest und gegebenenfalls toxische Informationen löschst. Das Reinigen wirkt sich auch positiv auf dich und deine Stimmung aus. Zudem machst du dir damit bewusst, dass es losgehen darf. Nutze dazu am besten reinigende Kräuter wie Salbei, Kampfer, Myrrhe oder Palo-Santo-Holz.

4. SCHRITT: Visualisiere dein Ziel

Nachdem du den Ort geklärt hast, nimm einige tiefe Atemzüge, schließe deine Augen, und verbinde dich mit deiner Intention. Visualisiere in allen Einzelheiten, wie sich dein Ziel anfühlt, wie es riecht, schmeckt, aussieht und klingt. Schenke dir einige Minuten der Zentrierung, der bewussten Atmung und der Festigung deiner Absicht. Wenn du möchtest, lege dazu beide Hände auf dein Herz.

5. SCHRITT: Lege dein Crystal Grid

Wenn du so weit bist, öffne deine Augen, und nimm deinen Fokuskristall in die Hand. Atme dreimal die Intention, die du auf deinen Zettel geschrieben hast, in ihn hinein. Nun lege eine Mitte fest, indem du deinen Kristall mittig platzierst. Beginne dann, deine ausgewählten Kristalle von außen nach innen (wie bei einem Mandala) anzuordnen, ganz so, wie es sich für dich gut anfühlt. Lasse dich gegebenenfalls von dem geometrischen Muster führen. Die Steine entfalten ihre Wirkung dann am besten, wenn die Ordnung durch dich selbst entstanden ist. Sei ganz aufmerksam, denn oft kannst du aus dem Feld des Crystal Grids Informationen herauslesen bzw. empfangen, die für dich hilfreich sind. Mache daraus einen Erfahrungsprozess, ein inneres Ritual.

6. SCHRITT: Aktiviere dein Crystal Grid

Als letzten Schritt aktivierst du dein Grid. Nimm dazu deinen Selenitzauberstab oder deinen Aktivierungskristall zur Hand (alternativ kannst du auch den Zeigefinger deiner linken Hand nutzen), und ziehe spiralförmig, beginnend von innen, eine unsichtbare Linie von einem zu jedem anderen Stein, um sie (energetisch) miteinander zu verbinden. Gehe dabei intuitiv vor, und wiederhole währenddessen immer wieder deine Intention im Geist. Dein Crystal Grid ist nun aufgeladen. Wenn du möchtest, kannst du um das Grid weitere Gegenstände stellen, die zu deiner Intention passen. Du kannst z. B. immer wieder frische Blumen danebenstellen und auch Kerzen anzünden. Lasse dich ganz von deinem Gefühl und deiner Intuition leiten.

Fühle in dich hinein, wie lange du das Grid liegen lassen möchtest. Wir empfehlen dir, je nachdem zu welcher Mondphase du es ausgelegt hast, einen kompletten Zyklus (ca. 4 Wochen) abzuwarten.

Die Mondzeitqualitäten:
Crystal Grids lassen sich zu jedem Zeitpunkt legen, doch bestimmte Mondphasen eignen sich besonders gut, um gezielt die Manifestation oder auch das Loslassen zu ermöglichen:

- **Vollmond:** Herzensziele, tiefe Sehnsüchte, Wünsche und Manifestation
- **abnehmender Mond:** Loslassen von Glaubensmustern, Vergebung, Reinigung und Lösung
- **Neumond:** konkrete Vorhaben umsetzen, Neubeginn, Wandel in allen Bereichen
- **zunehmender Mond:** neue Lebensphase einläuten, Mut und Kraft, Kreativität

Crystal Grids & Rituale

ES GEHT LOS …
Eine sanfte und magische Kraft webt sich in und um dein Sein, dein Wirken. Lasse die uralten Steinseelen mit dir, dem Leben, unserem Planeten und all dem, was in höchsten Reichen haust, kommunizieren.

Vor dir liegt eine bewegende und stille Reise. Die Arbeit mit der Kraft der Kristalle ist ein intuitiver Schöpfungsprozess – einer, der sich des Bauplans des Lebens, der Heiligen Geometrie bedient und aus ihr schöpft. Mehr noch, es entstehen Medizinräder, Mandalas der Wandlung und ewig lodernde Kreise des Lebens.

Meditation:

Crystal-Healing-Meditation

Diese geführte Reise ist ein Geschenk an deine innere ureigene Wahrnehmung. Sie öffnet dir den Raum dafür, dich auf die feine Kristallheilung einzulassen. Du kannst diese Meditation auch innerhalb einer Gruppe anwenden.

Lege einen Bergkristall intuitiv auf eine Körperstelle, die sich für dich richtig anfühlt, und mache es dir auf deiner Unterlage ganz bequem, sodass du vollkommen entspannt liegen kannst, deine Haltung jedoch auch ohne Mühe verändern kannst, wenn du das möchtest …

Nimm nun einige tiefe und bewusste Atemzüge. Schließe deine Augen, und wende dich deinen inneren Bildern zu … du entspannst dich mit jedem Atemzug mehr …

Spüre, wie dein Bauch sich sanft hebt und senkt … wie alles in dir ruhig und friedlich wird … Atme ein – atme aus … einatmen – ausatmen …

Auch die Gedanken werden immer stiller … einatmen – ausatmen … einatmen – ausatmen …

Du bist ganz bei dir, und nichts ist mehr wichtig … Du atmest ein – atmest aus … und mit jedem Ausatmen kannst du tiefer in die Unterlage sinken … einatmen – ausatmen … ein – aus …

Du nimmst vielleicht wahr, wie deine Fingerspitzen leicht kribbeln und sich Wärme von den Fingerspitzen über die gesamten Handflächen ausbreitet … Deine Hände werden ganz warm … während sie schwer neben dir liegen …

Du spürst, wie die Wärme nun auch deine Arme erreicht … Deine Arme liegen warm und schwer neben dir …

Die Wärme steigt weiter hinauf in deine Schultern und fließt angenehm in den ganzen Rücken, vom Hals bis zum Gesäß …

Warm und schwer liegt dein Rücken auf der Unterlage … schwer und warm … Und die Wärme fließt weiter in deinen Oberkörper und Bauch … hinterlässt wohlige Wärme und Schwere …

Auch in dein Becken und deine Beine fließt diese Wärme … und breitet sich bis in die Füße aus … Und auch deine Beine sinken schwer in die Unterlage und sind angenehm warm … mit jedem Atemzug wärmer und schwerer …

Und so ist dein gesamter Körper angenehm warm und schwer … Du spürst, wie dein gesamter Körper schwer auf der Unterlage liegt – und du in sie hineinsinkst … Mit jedem Atemzug fühlst du dich ein bisschen schwerer und entspannter … Dein Körper ist vollkommen ruhig – deine Gedanken sind ruhig … Nur liegen – atmen – nichts ist jetzt wichtig …

Und so sinkst du tiefer – immer tiefer … Still und friedlich sinkst du tiefer … um in die Welt deiner inneren Bilder zu gelangen … während du sanft und ruhig immer tiefer sinken kannst …

Vielleicht kannst du jetzt oder gleich spüren, wie der Kristall auf dir mit dir kommuniziert – in welcher Form auch immer … Vielleicht wird er warm, die Körperstelle beginnt zu kribbeln, oder innere Bilder oder Gefühle tauchen in dir auf … Sei ganz frei in deiner Wahrnehmung, während du einfach auf die leisen Botschaften des Kristalls hörst …

Wenn du möchtest, stelle dir und vielleicht auch dem Kristallwesen folgende Fragen: *»Warum ist diese Körperstelle gerade so wichtig für mich? Worin bin ich derzeit in meinem Leben unklar? Wo wirke ich unklar, wo begegnet mir Unklarheit? Was verlangt mehr Fokus und Energie von mir?«*

Und so kannst du tiefer hinabtauchen in diese Fragen, den Kristall einfach wirken und alles geschehen lassen … Du brauchst die Fragen nicht mit dem Kopf zu beantworten – die Antworten finden in der für dich passenden Form zu dir …

(Pause)

Du bist eingeladen, ganz langsam und entspannt deinen Fokus wieder auf deinen Körper zu lenken … die Schwere ein wenig ziehen zu lassen … die Wärme mehr und mehr ziehen zu lassen … den Atem wahrzunehmen und zu vertiefen, während dein Körper wieder leichter zu werden scheint und die Körpertemperatur sich normalisiert … dich nun zu strecken und zu rekeln … einen tiefen Atemzug zu nehmen und ganz ins Hier und Jetzt zurückzukommen …

Dein persönliches Gebet

Ein persönliches Gebet ist wie ein magischer Zauberspruch, der dir hilft, deine Rituale zu beginnen und mit einer höheren Macht aufzuladen. Du kannst es während jedes Rituals anwenden und entweder innerlich oder laut aussprechen.

Du kannst dein Gebet als Bitte oder Dank (so, als sei der Wunsch bereits erfüllt) formulieren. Empfehlenswert ist es, darum zu bitten/dafür zu danken, dass alle bisherigen Programmierungen gelöscht werden und die Kraft, die du einladen möchtest (Liebe, Einheit, Fülle etc.), auf den Kristall übertragen wird.

Schließe das Gebet mit einem Dank ab.

Beispiel: *»Ich bitte darum, dass alle bisherigen Programmierungen/Fremdenergien/Energien gelöscht werden und die Kraft der Liebe und des Mitgefühls aus den höheren Sphären in diesen Kristall einfließen. So möge es sein. Danke.«*
(Sprich dieses Gebet dreimal.)

Mein persönliches Gebet:

STÄRKUNG & KLÄRUNG

Es gibt Situationen in unserem Leben, in denen wir von Unsicherheit oder Zweifeln geprägt sind, in denen wir Reinigung und Klärung benötigen oder wir uns einfach nur verwurzelt fühlen wollen. In diesen Momenten können uns die Kristalle und Crystal Grids unterstützen. Ihre Muster lösen das Chaos, und etwas Stärkendes und Klärendes kann entstehen, denn wir haben in ein Wirrwarr eine klare Struktur gebracht und können so selbst wieder klarer sehen.

Crystal Grid: INNERE STÄRKE UND AUSRICHTUNG

Dieses Grid hilft dir dabei, dir deiner eigenen Energie und Kraft bewusst zu werden und zu erkennen, dass sie unendlich ist. Fühlst du dich in deiner aktuellen Lebenssituation zerrissen und ziellos, kannst du deinen Fokus durch dieses Grid neu ausrichten, dich energetisch aufladen und entdecken, was alles in dir steckt. Deine Energie folgt deiner Aufmerksamkeit, und aus einer starken Mitte heraus kannst du, statt zu reagieren, selbstbestimmt agieren.

Was du dazu brauchst:

- 1 große geschliffene Bergkristallspitze als Fokuskristall
  (regt Energiefluss der Kristalle an, sorgt für Klarheit, steigert die Selbstwahrnehmung und aktiviert sanft das Grid und die Selbstwahrnehmung)
- 10 dünne kleine Bergkristallrohspitzen
- 5 kleine Bergkristallpyramiden
  (zur Abwehr von negativen Schwingungen und zum Auflösen von Blockaden)
- 4 kleine geschliffene Rauchquarzspitzen
  (zum Leiten von Energien)
- 1 sechseckigen flachen Bergkristall
  (zum Verstärken von Energien)
- 6 Herkimer Diamanten
  (Fokus, spirituelle Entwicklung und Bündelung von Lichtenergie)
- 3 Rauchquarzpyramiden
  (Lebenskraft, Licht auf dem Lebensweg, löst Schatten und Blockaden sowie schwere Energien)
- 26 kleine Bergkristallsplitter
- 12 kurze kleine Bergkristallrohspitzen
- 1 kleine geschliffene Bergkristallspitze
  (Klarheit und Fokus)
- 1 Bund Salbei, Palo Santo oder Weihrauch
- 1 Aktivierungskristall

Ritual:

- Beginne damit, deine Kristalle zu reinigen. Kläre mithilfe eines Räucherstoffes deiner Wahl deinen Ritualplatz.

- Breite die Kristalle vor dir aus, schließe deine Augen, und atme einige Male tief ein und aus, bis du in einen Zustand von innerer Ruhe und Klarheit gelangst.

- Nimm nun die Bergkristallspitze (Fokuskristall) in deine Hände, und sprich, falls du möchtest, eine kurze Intention in den Kristall, z. B. »Ich bitte um innere Stärke und Ausrichtung«. Lege ihn anschließend in die Mitte deines Platzes.

- Platziere anschließend die zehn dünnen kleinen Bergkristallrohspitzen wie folgt: Lege jeweils eine Rohspitze horizontal an beide Seiten des Fokuskristalls. Forme mit jeweils vier weiteren der dünnen Bergkristallrohspitzen eine Raute um diese.

- Nimm nun zwei der fünf kleinen Bergkristallpyramiden, und lege sie ans Ende der beiden Rauten, sodass sie auf einer Linie mit den beiden Bergkristallrohspitzen im inneren der Raute liegen.

- Nun platziere eine der vier kleinen geschliffenen Rauchquarzspitzen unter* dem Fokuskristall, von diesem wegzeigend, um die Energien abzuleiten. Um sie zu verstärken, lege den sechseckigen flachen Bergkristall in einer Linie mit einem kleinen Abstand zu der Rauchquarzspitze.

- Platziere an jeder Ecke des sechseckigen flachen Bergkristalls einen Herkimer Diamanten. Lege anschließend die zweite Rauchquarzspitze als Verlängerung der Linie von Fokuskristall und flachem Bergkristall, sodass ihre Spitze nach unten zeigt. Auf diese Weise werden die Energien nach außen abgeleitet.

* *Da es bei einem Grid kein Unten oder Oben gibt, dienen die Richtungsangaben lediglich zum besseren Verständnis. Du kannst das Grid jedoch so drehen, wie du möchtest.*

Ritual:

- Stelle nun zu beiden Seiten des sechseckigen Bergkristalls jeweils eine Rauchquarzpyramide auf, sodass je eine ihrer Spitzen zum Bergkristall hin zeigt. Verbinde mit je einem Halbkreis aus jeweils fünf kleinen Bergkristallsplittern die obere und untere Spitze der Rauchquarzpyramiden entlang der Außenseite.
- Lege an der nach außen zeigenden Spitze beider Pyramiden jeweils drei der kurzen kleinen Bergkristallrohspitzen strahlenförmig aus. Ordne nun die verbliebenen sechs Rohspitzen vertikal entlang der unteren Schenkel der Bergkristallrauten an. Nimm die letzte Rauchquarzpyramide, und lege sie so oberhalb des Fokuskristalls, dass eine ihrer Ecken auf diesen zeigt.
- Platziere nun drei kleine Bergkristallpyramiden an den Ecken der Rauchquarzpyramide. Die Ecke, die zum Fokuskristall zeigt, bleibt frei. Stelle die kleine geschliffene Bergkristallspitze über der Bergkristallpyramide auf, sodass der kleine und große Bergkristall (Fokuskristall) in einer Linie stehen.
- Nimm die beiden verbliebenen Rauchquarzspitzen, und stelle sie neben die beiden seitlich zur Rauchquarzpyramide platzierten Bergkristallpyramiden.
- Lege nun beidseitig und parallel zu der kleinen Bergkristallspitze und der Bergkristallpyramide eine Linie aus jeweils vier kleinen Bergkristallsplittern.
- Um dein Grid zu vervollständigen, ordne schließlich die übrigen Bergkristallsplitter so an, dass sie wie auf dem Bild in zwei Viererlinien an den Bergkristallpyramiden beginnend entlang der oberen Rautestücke verlaufen.
- Aktiviere das Grid, indem du mit deinem Aktivierungskristall im Uhrzeigersinn jeden der Kristalle (energetisch) miteinander verbindest. Gehe dabei behutsam vor, und mache dir deine Intention bewusst, die du mit diesem Ritual umsetzen möchtest.

Crystal Grid: FREUDE, MUT & LEIDENSCHAFT

Was du dazu brauchst:

- 1 Aragonit als Fokuskristall
  (Stabilität, Erdung und Verwurzelung, besänftigt Wut und befreit die Emotionen)
- 3 Karneole
  (erdende Kraft, Tatkraft, Kreativität, bringen Lebensbereiche in den Fluss)
- 6 Bernsteine
  (machen flexibel und finden Mittel und Wege, fördern das Selbstbewusstsein und das Vertrauen, gleichen aus)
- 3 Citrinspitzen
  (Wachstum, Erfolg, positive Einstellung, Optimismus und Freude)
- 3 Quarzkristalle
  (Manifestation, Zielsetzung, Energie, Schöpferkraft)
- 1 Bund Salbei, Palo Santo oder Weihrauch

Du willst es? Dann lerne zuerst, deine Freude zu aktivieren! Du erfährst Freude? Dann lerne, diese in deine größte Leidenschaft zu wandeln! Du willst deine größte Leidenschaft leben? Dann lerne, all deinen Mut zusammenzunehmen und deine Leidenschaft mit der Welt zu teilen.

Dieses Grid ist dem Element Feuer zugeordnet. Es ist explosiv. Kraftvoll. Es erweckt die Kriegerin/den Krieger in uns.

Ritual:

- Beginne damit, deine Kristalle zu reinigen. Kläre mithilfe eines Räucherstoffes deinen Ritualplatz.

- Breite die Kristalle vor dir aus, schließe deine Augen, und atme einige Male tief ein und aus, bis du in einen Zustand von innerer Ruhe und Klarheit gelangst. Dann sprich entweder ein Gebet (S. 67), oder bitte deine Höhere Führung um Schutz und Fokus.

- Die Spitze des Grids sollte in Richtung Süden (Feuer) ausgerichtet sein.

- Nimm den Aragonit (Fokuskristall) in die Hand, und werde innerlich still. Fokussiere dich auf etwas, was in dir Leidenschaft, Freude, aber auch Mut auslöst. Letzteres ist häufig mit einer unterschwelligen Angst verbunden, denn das, was uns Angst bereitet, ist häufig ein Weg in unsere größte Freiheit. Stelle dir vor, wie sich dieser kraftvolle Kristall mit deinen inneren Bildern, Gefühlen und Empfindungen regelrecht vollsaugt. Spüre, wie er beginnt, sich in deinen Händen zu erwärmen – häufig wird er sogar richtig heiß!

- Lege nun den Fokuskristall in die Mitte.

- Nimm alle anderen Kristalle, und ordne sie entsprechend des Bildes an bzw. so, dass ein Dreieck entsteht. Während du den jeweiligen Kristall auslegst, sprich ein deutliches *JA,* denn dieses Grid darf die Intention von Bejahung tragen. Es darf sich in den unendlichen Raum der Möglichkeiten entfalten!

Für die kommenden 30 Tage: Jedes Mal, wenn dir das Grid in den Sinn kommt oder du es siehst, sprich laut (oder innerlich): »*JA!*« Mache dein JA zu einem fortlaufenden Mantra.

Crystal Grid: ERDUNG

Was du dazu brauchst:

- 1 Schungit-Pyramide (Stabilität, starker Schutz, Erdung)
- 4 kleine Pyrite (Fülle, Materialisierung, kosmische Kraft)
- 1 Rauchquarzspitze (Erdung, Kraft, Kraft der Berge, Ruhe)
- 4 Bergkristallspitzen (Energieerhöhung, Weite, Ausdehnung)
- 4 Rauchquarze (Sensibilisierung, Einkehr, Erdung)
- 3 Schungite (mächtiger Schutz, Energie)
- Herkimer Diamant (Krone, Weisheit, Schöpferkraft, Fülle)
- 6 kleine Hämatite (Fluss, insbesondere Blutfluss, Erdung, Stabilität, Reinigung)
- 1 Bund Salbei, Palo Santo oder Weihrauch

Wann immer es uns an Erdung, Fülle, Sicherheit oder stabilen Beziehungen mangelt, sollten wir uns auf das Materielle ausrichten und uns erden. Dieses Crystal Grid öffnet dich nach oben und unten. Es bringt Stabilität, Sicherheit und Schutz in dein Leben. Lege es, wann immer du es brauchst, und lasse es so lange liegen, bis du das Gefühl hast, dass eine Verbesserung eingetreten ist.

Ritual:

- Beginne damit, deine Kristalle zu reinigen. Kläre mithilfe eines Räucherstoffes deinen Ritualplatz, und räuchere deine Umgebung.
- Breite die Kristalle vor dir aus, schließe deine Augen, und atme einige Male tief ein und aus, bis du in einen Zustand von innerer Ruhe und Klarheit gelangst. Dann sprich entweder ein Gebet (S. 67), oder bitte deine Höhere Führung um Schutz und Fokus.
- Platziere die Schungit-Pyramide am oberen Ende deines Grids, und sprich: *»Ich bin.«*
- Lege nun an die vier Ecken der Pyramide vier kleine Pyrite, und sprich: *»Ich schöpfe aus der Fülle allen Lebens.«*
- Lege darunter die Rauchquarzspitze, und sprich: *»Ich bin tief verwurzelt und lebe meine Schöpferkraft. Jetzt.«*
- Um die Rauchquarzspitze lege vier Bergkristallspitzen, und sprich: *»Mein Sein und meine Schöpferkraft ergießen sich in das Leben.«*
- Lege an die Enden der Bergkristallspitzen vier Rauchquarze, und sprich: *»Ich bin hier und jetzt, jetzt, jetzt.«*
- Lege drei Schungite unterhalb der Rauchquarzspitze, und sprich: *»Ich bin in Sicherheit. Meine Wurzeln sind die Wurzeln der Erde. Ich bin.«*
- Lege nun wieder oberhalb der Pyramide einen Herkimer Diamant aus, und sprich: *»Ich bin frei. Meine Anbindung ist meine Führung durch dieses Leben.«*
- Lege abschließend jeweils drei kleine Hämatite links und rechts der Rauchquarzspitze zwischen die Bergkristallspitzen, und sprich: *»So soll es sein.«*

Crystal Grid: SCHUTZRAUM

Dieses Grid darf dein Ort der Geborgenheit, der Ruhe und des Schutzes sein. Es geht bei dem Grid nicht darum, dich von allem abzuschirmen, sondern es soll dich dabei unterstützen, für dich zu sorgen und Grenzen zu setzen. Es darf dir helfen, dich in dich zurückzuziehen, um neue Ideen oder Pläne zu säen und diese wachsen zu lassen. Es darf dich dabei unterstützen, ganz bei dir zu bleiben, und es fördert, dass du still werden kannst und in Kontakt mit deiner göttlichen Verbindung kommst. Es darf dein »Safety-Room« sein und deine Höhle des Behütetseins darstellen. Wir haben für das Grid die aufgeklappte Form des Oktaeders gewählt, weil das Oktaeder für unseren eigenen Schutzraum steht. Aus der Naturspiritualität wissen wir, dass es darum geht, sich bewusst zu machen, dass wir mit allem verbunden sind – dazu zählen die vier Himmelsrichtungen, das Oben und Unten und natürlich wir selbst. Bildlich dargestellt, entspricht dies dem Oktaeder, der den Schutzraum um uns herum darstellt. Wir haben für dieses spezielle Grid eine Meditation geschrieben, damit du ein noch tieferes Verständnis für dich und den Raum um dich herum erfahren kannst.

Aufbau des Grids:

Vorlage: aufgeklapptes Oktaeder (S. 201)*

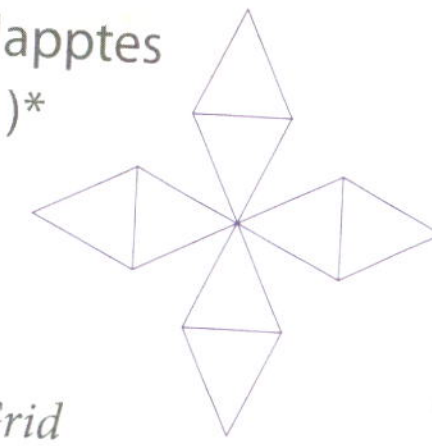

* *Du kannst die Vorlage unter das Grid legen, allerdings ist dies nicht vonnöten, um die Kraft des Grids zu entfesseln.*

Was du dazu brauchst:

- 12 Bergkristalle
- 1 Aqua-Aura
- 1 Bund Salbei, Palo Santo oder Weihrauch
- 1 Aktivierungskristall

In der heutigen Zeit sind wir häufig im Außen verhaftet, was aber zugleich unser Gedankenkarussell im Inneren zum Kreisen bringt. Dadurch fällt es uns oft schwer, Ruhe zu finden. Weder das Grid noch die Meditation hilft dir, diesen zu kontrollieren, jedoch unterstützen sie dich dabei, die Situation zu beobachten und deine heilsamen Schlüsse daraus zu ziehen.

Meditation: Schutzraum

Bevor du mit der Meditation beginnst, entzünde eine Kerze, mache schöne, beruhigende Musik an, und lasse den Alltag für einen Moment hinter dir. Lies dir den Text einmal komplett durch, bevor du die Meditation beginnst, und visualisiere für dich selbst, wie du diese Reise machst, oder nimm sie auf, um dich ganz darauf einzulassen.

Mache es dir bequem, schließe die Augen, und atme ganz bewusst ein und aus. Spüre genau nach, wo in deinem Körper du dich befindest. Komme vollkommen zur Ruhe. Gleite in den inneren Raum deines Herzens. Gehe immer tiefer an deinen geistigen Ort, und von hier aus stelle dir vor, wie du dich gedanklich in die vier Himmelsrichtungen drehst und dich so mit den vier Ecken der Welt verbindest. Lasse deinen Blick in den Himmel schweifen bis hinein ins Universum, und verbinde dich mit diesem. Spüre, wie du dich mit Mutter Erde vereinst, indem du dir gedanklich Wurzeln wachsen lässt bis hinein in ihren Kern. Du bist ganz tief mit allem verbunden, und du bist das Zentrum von allem. Es ist, als verbände sich nun ein unsichtbares Band mit all diesen Punkten und als würde es zu einem Oktaeder. Diese Bänder überziehen sich mit einer irisierenden Schicht aus Licht, und du befindest dich genau in der Mitte dieser geometrischen Form. Nimm wahr, wie der Alltag in den Hintergrund tritt, du deine Gedanken beobachten kannst und dich in deinem eigenen Schutzraum befindest. In diesem geschieht nur das, was du möchtest, dies ist dein Ort der Regeneration, des Bei-dir-Ankommens und vor allem des Schutzes vor dir, aber auch vor dem Außen.
Erlebe, wie unglaublich echt und beschützt du dich in dieser Struktur fühlst. In diesem Raum kannst du dich in deiner Echtheit wahrnehmen, und doch fühlst du dich mit Mutter Erde und dem Universum verbunden.

Atme tief in dich hinein, und erlebe, dass du die göttliche Schöpferkraft in dir trägst und diese nun funkeln kann. Du bist ganz bei dir, beschützt und doch verbunden. Es fühlt sich nicht an, als würdest du dich wegschließen, sondern als würdest du ganz tief bei dir ankommen. Zugleich braucht alles Äußere deine Erlaubnis, um einzutreten.
Nimm wahr, wie du dich vollkommen sicher und geborgen fühlst, du ganz bei dir bist und du in deinem eigenen Zentrum stehst. Du bist ganz losgelöst vom Ego und kannst dich voll und ganz in deinem göttlichen Licht wahrnehmen hier an diesem Ort.
Es ist ein Ort, an dem du deine Ängste und Sorgen willkommen heißen kannst und erlebst, dass diese sich ganz neutral anfühlen und nicht bedrohlich oder belastend sind. Dadurch verlieren sie an Bedeutung, und du darfst erkennen, dass deine Ängste, wenn du ihnen in die Augen schaust, keinen Platz haben, solange du ganz bei dir bist, solange du dich auf die Verbundenheit einlässt und dich geborgen fühlst.
An diesem Ort des Schutzes darfst du dich selbst wahrnehmen, deine Themen betrachten, aber auch erkennen, dass du so viel mehr bist als all dies, du die Kraft und Macht über dein Sein hast, aber auch alles verändern kannst, wenn du dies möchtest, und auch du eine Veränderung sein kannst.
Lasse zu, dass du hier alles in seinen Facetten betrachten, annehmen und vor allem auflösen kannst, denn du hast die Kraft, dies zu tun. Du bist so viel mehr, als du zu sein glaubst, und dies ist der Ort, an dem du diese Wahrheit erfahren kannst. Allerdings ist dies auch ein Platz, an dem du dir bewusst machen kannst, wen du in deinen Raum hereinlässt, sodass kein Platz mehr für dich ist. Es geht nicht darum, alles auszusperren, sondern darum, zu erleben, wie es ist, im Gleichgewicht zu sein und für dich zu sorgen. Genieße diesen Raum als deine Oase, und erlebe, dass du dich ausrichten, ausruhen und vor allem zu dir kommen kannst.

Danke dir für die Schritte, die du heute getan hast, und komme wieder zurück in den Raum deines Herzens. Spüre noch einmal das Gefühl der Sicherheit und des Schutzes, und verankere es hier an deinem Ort. Spüre, wie sich dieses Gefühl in deinem gesamten Körper bis in jede Zelle ausbreitet. Es ist nun der Moment gekommen, ins Hier und Jetzt zurückzukehren und dein Crystal Grid zu legen. Du atmest dich von innen nach außen und nimmst dich zurück in der Wirklichkeit wieder ganz wahr.

Ritual:

- Beginne damit, deine Kristalle zu reinigen. Kläre mithilfe eines Räucherstoffes deinen Ritualplatz, und lege die Vorlage zurecht (solltest du diese nicht zur Hand haben, lege die Steine einfach wie nachfolgend beschrieben aus).

- Breite die Kristalle vor dir aus, schließe deine Augen, und atme einige Male tief ein und aus, bis du in einen Zustand von innerer Ruhe und Klarheit gelangst. Dann sprich entweder ein Gebet (S. 67), oder bitte deine Höhere Führung um Schutz und Fokus.

- Nun halte den Aqua-Aura in deinen Händen, sprich, falls du möchtest, eine kurze Intention in den Kristall, z. B. *»Ich bitte um Schutz und die Kraft, Grenzen zu setzen«*, und lege den Stein dann in die Mitte.

- Platziere darum die 12 Bergkristalle.

- Nimm nun den Aktivierungskristall zur Hand, und verbinde alle Kristalle (energetisch) miteinander.

Crystal Grid: DAS AUGE DER ISIS

Es gibt Zeiten, in denen wir nicht wissen, wer wir eigentlich sind, wohin wir sollen oder was wir wirklich brauchen. Wir haben vergessen, wozu wir hier sind. Das Auge der Isis ist eine Hommage an die gleichnamige Göttin, die für Fruchtbarkeit, Weisheit und Wissen des gesamten Alls steht. Wenn wir also ihre Kräfte anrufen, kann Isis uns wieder auf den rechten Weg führen. Das Auge symbolisiert ihre Sicht in alle Dimensionen, die sie uns nach und nach offenbart.

Ritual:

- Beginne damit, deine Kristalle zu reinigen. Kläre mithilfe eines Räucherstoffes deinen Ritualplatz, und räuchere deine Umgebung.
- Breite die Bergkristallspitzen vor dir aus, schließe deine Augen, und atme einige Male tief ein und aus, bis du in einen Zustand von innerer Ruhe und Klarheit gelangst. Dann sprich entweder ein Gebet (S. 67), oder bitte deine Höhere Führung um Schutz und Fokus.
- Schreibe folgendes Gebet an Isis auf einen kleinen Zettel: *»Göttin Isis, Allsehende, große Herrscherin der Elemente, schenke mir Klarheit im Bereich von …, und stärke meinen Weg und meine Entscheidungen. Ich bin bereit, … loszulassen und … zu empfangen. Danke. So sei es.«*
- Lege acht Bergkristalle wie im Bild als Auge aus und, wenn du möchtest, in die Mitte das Gebet. Lege fünf Bergkristallspitzen als Symbol ihrer Wimpern aus.
- In die Mitte des Auges stelle ein kleines Teelicht. Entzünde es nur an dem Licht eines anderen Teelichts oder einer Kerze und nie mit einem Feuerzeug oder Streichholz. Natürlich kannst du dein Teelicht immer wieder auspusten. Lasse es zudem nie unbeaufsichtigt.

Lasse dieses Grid etwa 30 Tage lang wirken.

Was du dazu brauchst:

- 1 kleinen Zettel und 1 Stift
- 1 Handvoll Bergkristallspitzen (ca. 13 Stück)
- 1 Teelicht
- 1 Bund Salbei, Palo Santo oder Weihrauch

Crystal Grid: KLARE KOMMUNIKATION

Was du dazu brauchst:

- **1 schwarzen Obsidian als Fokuskristall**
  (wird als der »Stein der Wahrheit« bezeichnet, lässt uns uns selbst erkennen, fördert Klarheit)
- **4 mittelgroße Bergkristallspitzen**
  (Klarheit, Fokus, senden und empfangen)
- **4 Cyanitspitzen/Disthen**
  (gelten als Lichtbringer, klare und reine Kommunikation, wirken auf alle Energiezentren stark ausgleichend, schützend)
- **4 schwarze Turmaline**
  (Schutz, Grenzen ziehen, klare Worte und Taten)
- **24 kleine Bergkristalle**
  (wirken Energie erhöhend, Reinheit in Worten, Taten und Handlungen)
- **8 Chalcedone**
  (wirken stark auf das Halschakra, werden auch als »Rednerstein« bezeichnet, bringen Klarheit in Beziehungen und die Kommunikation, himmlische Kommunikation)
- **4 kleine Bergkristallspitzen**
  (am äußeren Rand platziert Senden und Leiten von klaren Worten und Energien)
- **1 Bund Salbei, Palo Santo oder Weihrauch**
- **optional: Eine Affirmationskarte** oder einen Zettel mit deiner Lieblingsaffirmation

Dieses einfache Grid kannst du überall dort errichten, wo klare Worte fließen dürfen. Dort, wo du mit dir selbst und deinem Inneren in einen besseren Kontakt kommen willst. Gerade vor Auftritten, Vorstellungsgesprächen und wichtigen Meetings kann dieses Grid eine wahre energetische Wohltat sein!

Die enthaltenen Kristalle klären dein Halschakra, fördern harmonische Beziehungen und bringen Klarheit. Lasse das Grid so lange liegen, wie es sich für dich gut anfühlt.

Auch kann dieses Grid jegliche Worte in kraftvolle Taten verwandeln. Lege dafür einfach eine Affirmation unter den Fokuskristall, um die Wirkung zu intensivieren.

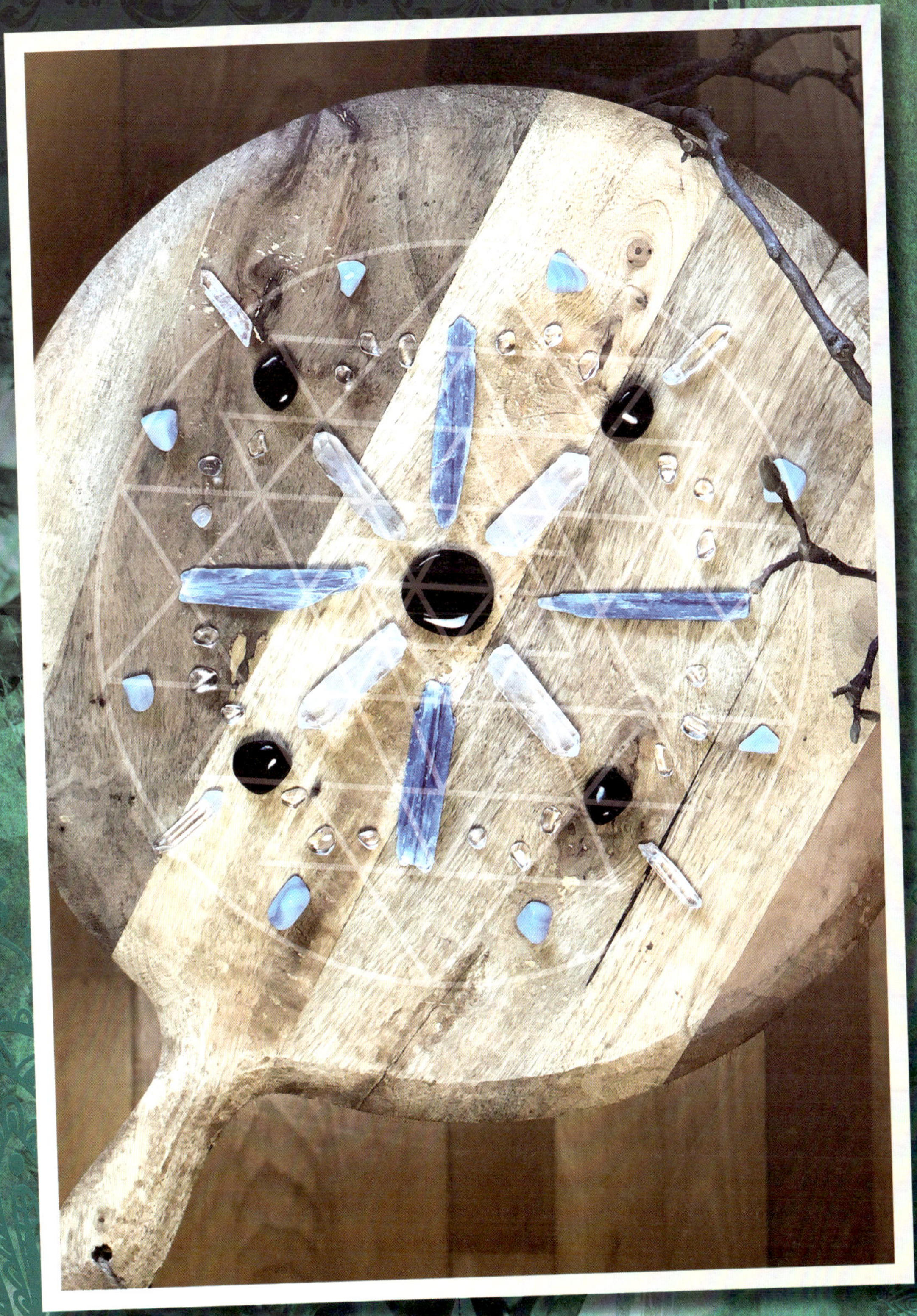

Ritual:

Aufbau des Grids:
Vorlage: Sri Yantra (S. 193)

- Beginne damit, deine Kristalle zu reinigen. Kläre mithilfe eines Räucherstoffes deinen Ritualplatz, und lege dir die Vorlage »Sri Yantra« zurecht (Solltest du diese gerade nicht zur Hand haben, lege die Steine einfach wie nachfolgend beschrieben aus).

- Breite die Kristalle vor dir aus, schließe deine Augen, und atme einige Male tief ein und aus, bis du in einen Zustand von innerer Ruhe und Klarheit gelangst. Dann sprich entweder ein Gebet (S. 67), oder bitte deine Höhere Führung um Schutz und Fokus.

- Nimm die Vorlage des »Sri Yantra«, und lege sie intuitiv auf eine geeignete Oberfläche (in Geschäftsräumen, dem Wohnzimmer oder auch an Orten, an denen klare Kommunikation erwünscht ist, oder auf deinen Altar, um den Kontakt zu dir selbst zu fördern).

- Lege nun entweder intuitiv oder entsprechend des Bildes die Kristalle, beginnend in der Mitte, und sprich dabei folgende Affirmation dreimal (oder deine eigene, die du verankern willst): *»Ich bin klar und bereit, mein Wissen mit der Welt zu teilen. Meine Worte sind liebevoll, warm und direkt.«*

Wiederhole die Affirmation mehrmals täglich, und rufe geistig immer wieder das Bild des Grids ab.

Crystal Grid: INTUITIVE HARMONIE

Was du dazu brauchst:

- 1 Bergkristallspitze als Fokuskristall
- 3 Mondsteine (Intuition, Sanftheit, Weiblichkeit)
- 3 schöne Blüten deiner Wahl
- 6 Amethyste (wirken ausgleichend, balancierend und öffnen Tore in andere Dimensionen)
- 3 kleine Quarze/Bergkristallspitzen (leiten Energie, erhöhen die Wirkung von Amethyst und Fluorit, klären)
- 3 kleine grüne Fluorite (intensivieren Gefühle, öffnen das Herz und helfen bei der Neugestaltung des Lebens)
- 1 Handvoll kleiner Bergkristalle als Trommelsteine (erweitern den inneren Raum, bringen Erkenntnisse, Reinigung; als Kreis gelegt, erwecken sie Dimensionstore und helfen, die Dinge »rund« zu machen)
- 1 Bund Salbei, Palo Santo oder Weihrauch
- 1 Aktivierungskristall

Unser Leben verläuft in Zyklen, Wellen und in Aufs und Abs. Doch wir können zu jeder Zeit einen Anker bzw. ein Feld der Harmonie kreieren. Harmonie bedeutet die Vereinigung von Gegensätzen, Ausgleich, Verbindung. Mit diesem Grid, das du überall aufstellen kannst, schaffst du einen großen energetischen Ausgleich. Bei diesem Grid ist deine Intuition sowie Intention wichtig, um eine gute Balance herzustellen.

HINWEIS:
Fühle dich frei, weitere (verschiedene) Blüten, Kristalle oder auch Gegenstände zu verwenden.

Ritual:

- Beginne damit, deine Kristalle zu reinigen. Kläre mithilfe eines Räucherstoffes deinen Ritualplatz.
- Breite die Kristalle vor dir aus, schließe deine Augen, und atme einige Male tief ein und aus, bis du in einen Zustand von innerer Ruhe und Klarheit gelangst. Dann sprich entweder ein Gebet (S. 67), oder bitte deine Höhere Führung um Schutz und Fokus.
- Nimm die Bergkristallspitze (Fokus) in die Hand, und sprich folgende Intention dreimal: *»Ich kreiere ein Dimensionstor der Einheit. Ich kreiere ein Feld der Harmonie. Ich kreiere einen Kreis des Ausgleichs.«*
- Beginne nun, die Kristalle intuitiv auszulegen. Wenn du möchtest, lege sie wie auf der Abbildung aus – besonders der Kreis aus Bergkristallen ist wichtig, um ein Feld der Harmonie zu erzeugen.

Lasse das Grid für zwei bis drei Tage liegen, und lege es erneut, sooft, es sich für dich gut anfühlt. Der Legeprozess ist das eigentliche Wunder.

Crystal Grid: TIEFE HEILUNG

Was du dazu brauchst:

- **1 Malachit**
  (stärkt die Fähigkeit der Selbsterkenntnis, Herzheilung, heilende Kräfte, entgiftend)
- **2 Türkise**
  (bauen eine Brücke zwischen Herz und Stimme, verleihen Optimismus, Kraft und sollen allgemein schmerzlindernd wirken)
- **6 Amethyste**
  (Intuition, Träume Realität werden lassen, innere Blockaden lösen)
- **8 Fluorite in unterschiedlichen Farben**
  (verstärken andere Kristalle, Regenbogenlicht, klären Gefühle)
- **24 kleine Bergkristalle**
  (Energiearbeit, Macht, Klarheit, Licht)
- **4 Bergkristallspitzen**
  (leiten Energie in die Außenwelt, bringen Ordnung und Klarheit)
- **1 Bund Salbei, Palo Santo oder Weihrauch**
- **1 Aktivierungskristall**

Dieses Grid ist als lichtvolle Unterstützung bei jeglicher Form von Energiearbeit gedacht. Es unterstützt bei physischen sowie psychischen Blockaden und bringt auf energetischer Ebene Harmonie, Leichtigkeit und Wahrheit.

Die machtvollen Kristalle sind sorgfältig ausgewählt und ergänzen sich gegenseitig, damit du Missstände, Ängste und Ballast über Bord werfen kannst.

Ritual:

- Beginne damit, deine Kristalle zu reinigen. Kläre mithilfe eines Räucherstoffes deinen Ritualplatz.

- Breite die Kristalle vor dir aus, schließe deine Augen, und atme einige Male tief ein und aus, bis du in einen Zustand von innerer Ruhe und Klarheit gelangst. Dann sprich entweder ein Gebet (S. 67), oder bitte deine Höhere Führung um Schutz und Fokus.

- Nimm den Malachit in die Hand, und atme einige Male tief ein und aus, sodass du innerlich immer ruhiger und entspannter werden kannst. Lasse alle Gedanken los, die dir jetzt nicht mehr dienen. Stelle dir vor, wie der Malachit als mächtiger Heilerkristall Emotionen, Gefühle und Energien aus deinem Geist und deinem Körper zieht, die du jetzt nicht mehr brauchst. Lasse dir einen Moment Zeit. Sprich Folgendes in den Malachit: *»Ich danke dir, dass du jegliche disharmonische Energie absorbierst und in tiefe Heilung wandelst. Danke, danke, danke.«* Gehe nun in einen Zustand, der Freude, Zufriedenheit und Wohlbefinden auslöst (z. B., indem du an einen der glücklichsten Momente in deinem Leben denkst), und puste dieses Gefühl dreimal in den Kristall.

- Nun kann die Legung beginnen: Platziere zunächst den Malachit in der Mitte, und lege die übrigen Kristalle außen herum. Entweder wie auf dem Bild gezeigt oder nach deiner eigenen Vorstellung.

- Aktiviere das Grid, indem du alle Kristalle mit dem Aktivierungskristall miteinander verbindest.

Lasse das Grid einige Tage liegen, und meditiere immer wieder mit dieser kraftvollen Schwingung. Stelle dir vor, wie die Energie in dein ganzes System geleitet wird und ausleitet, was du nicht mehr brauchst.

Crystal Grid: DER WUNSCHALTAR

Was du dazu brauchst:

- 1 kleinen Tisch bzw. eine Unterlage, die nicht direkt auf dem Boden aufliegt, sondern einen gewissen Abstand zu ihm erzeugt
- mehrere kleine Zettel und 1 Stift
- Norden/Element Erde:
  - alle erdenden Kristalle, z. B. Hämatit, Obsidian, Schwarzer Turmalin
  - Samen und Körner, Stöcke, frische Blumen
- Osten/Element Luft:
  - alle gelben Kristalle, z. B. Bernstein, Calcit, Citrin, Tigerauge
  - Federn, Räucherstäbchen
- Süden/Element Feuer:
  - alle roten Kristalle, z. B. roter Achat, roter Jaspis oder Rubin
  - Weihrauchschale, Palo Santo
- Westen/Element Wasser:
  - alle blauen Kristalle, z. B. Türkis, Chalcedon, Azurit, Lapislazuli
  - Schale mit Wasser
- 4 weiße Kerzen, die du in den vier Himmelsrichtungen platzierst
- 1 Kristallkerze, die für den Äther(-raum) steht – diese wird in der Mitte platziert
- optional: Abbildungen/Statuen von Gottheiten, Blüten, ätherische Öle, Bilder, Orakelkarten
- 1 Bund Salbei, Palo Santo oder Weihrauch

Ein Altar ist ein Kraftort, an dem wir Zuflucht nehmen können, der uns stärkt und immer wieder energetisiert. Wie unser Körper oder unser Zuhause braucht unsere Seele Pflege. Mit einem Altar, ausgerichtet auf die Kristallenergie, können wir Wünsche und Ziele viel leichter erreichen.

HINWEIS: Suche dir für dieses Grid einen Platz, an dem du einen kleinen Tisch oder einen kleinen Holzkasten aufstellen kannst.

Ritual:

- Werde dir zuerst deiner Wünsche bewusst, und notiere sie. Was willst du in dein Leben ziehen? Was willst du erreichen, fördern, klären? Was darf sich wandeln? Solltest du mehrere Wünsche haben, schreibe diese auf verschiedene kleine Zettel.

- Beginne damit, deine Kristalle zu reinigen. Kläre mithilfe eines Räucherstoffes deinen Ritualplatz, und räuchere deine Wunschzettel.

- Breite die Kristalle vor dir aus, schließe deine Augen, und atme einige Male tief ein und aus, bis du in einen Zustand von innerer Ruhe und Klarheit gelangst. Dann sprich entweder ein Gebet (S. 67), oder bitte deine Höhere Führung um Schutz und Fokus.

- Ordne die Altarutensilien gemäß der oben zugeordneten Himmelsrichtungen an (du kannst jeweils einen oder auch mehrere Steine in die verschiedenen Himmelsrichtungen legen), und mache daraus eine Zeremonie, die dir hilft, einen wahren Kraftort für dich und deine Wünsche zu erschaffen.

- Nachdem du den Altar angeordnet hast, verteile die Wunschzettel auf ihm.

- Verweile einige Atemzüge lang, und begib dich geistig ganz in dein selbst geschaffenes Kraftobjekt hinein – spüre, wie sich in dir Tore und Türen öffnen.

Deine tägliche Aufgabe: Wann immer du draußen in der Natur Steine, Stöcke, Blüten oder Ähnliches findest, nimm sie mit, und lege sie auf deinen Altar. Möchtest du Reichtum anziehen, lege besonders glanzvolle Münzen auf den Altar. Geht es um Liebe, finde Objekte, die dein Herz öffnen. Nimm dir mindestens einmal am Tag Zeit, an diesem Ort Kraft und Energie zu tanken.

Lasse den Altar so lange stehen und beschenke ihn mit Energie, bis deine Wünsche Form annehmen oder in Erfüllung gegangen sind.

LUZ DE TU
LA MANO MAS PODEROSA QUE AUXILIA
THE MOST POWERFUL HELPING HAND

Crystal Grid: MUTTER ERDE

Unsere wunderschöne Mutter Erde trägt, hält, nährt und behütet uns, schenkt uns ein Zuhause und hält so viele Wunder für uns bereit. Dabei vergessen wir oft, was sie alles für uns tut, trägt und aushält. Es gibt nur sie, sie birgt uns bedingungslos in ihrem Schoß, zugleich sind wir frei, auf ihr alles zu tun, was uns beliebt. Sie ist unsere Zufluchtsstätte, die wir ehren dürfen, sollten oder sogar müssen, denn was wären wir ohne sie? Wir wären wurzellos, heimatlos und vor allem nicht lebensfähig.

Indem du unserer Erde oder auch Mutter Natur Liebe schenkst, rückt auch die Liebe für dich selbst in den Vordergrund. Denn du lässt es zu, zu lieben. Unter deinen Füßen zu spüren, wie der Körper von Mutter Erde sich an dich schmiegt, dein Herz im Rhythmus mit ihrem schlägt und sie dich ohne dein Zutun trägt, sollte dich rühren und den Wunsch in dir erwecken, sie zu unterstützen.

Dieses Grid ist entstanden, als der Regenwald im Amazonas zu brennen anfing. Dies hat uns so sehr berührt, dass wir Mutter Erde zu Ehren dieses Grid erschaffen wollten. Denn ohne sie gäbe es die Steine nicht, ohne sie gäbe es dieses Buch nicht, und ohne sie wären du und ich nicht in der Lage, hier auf Erden zu wandeln.

Dieses Grid soll dir dabei helfen, dich mit Mutter Erde zu verbinden, dich verwurzelt zu fühlen, aber auch Heilung zu erlangen für dich und sie. Natürlich ist uns bewusst, dass wir durch ein Grid nicht den Brand rückgängig machen, ebenso wenig wie wir Umweltverschmutzung oder das Ausbeuten von Bodenschätzen aufhalten können, jedoch können wir mit ihm die Regeneration anregen und haben dadurch die Kraft, aktiv etwas für Mutter Erde zu tun.

Was du dazu brauchst:

- 1 Kugel aus Rosenquarz
  (Die Kugel repräsentiert die Erde im Kreis der Liebe.)
- 3 Bergkristallspitzen
  (leiten die Energie der Liebe in die Materie)
- 3 grüne Calcite
  (Klarheit, Ausgewogenheit, Heilung)
- 3 Amethyste, möglichst mit Spitze
  (geben die Schwingung von Wahrheit, Weisheit und Spiritualität in das Grid)
- 6 Achatscheiben
  (lindern Ängste; helfen, Lösungen zu finden und diese effizient umzusetzen)
- 3 Rosenquarze
  (setzen unentwegt den Samen der Liebe)
- 3 Tigeraugen
  (Mut, Werte, Durchsetzungsvermögen)
- 3 Karneole
  (Vertrauen, Kreativität, innere Kraft)
- 3 rote Jaspissteine
  (Erdung, Erdheilung, Verbundenheit)
- 3 Lapislazuli
  (fördern das [globale] Bewusstsein, lassen uns weise handeln und führen, erwachen)
- 1 Bund Salbei, Palo Santo oder Weihrauch
- 1 Aktivierungskristall
- Mantra: Gayatri-Mantra
  (während des Rituals als Musik im Hintergrund)

Aufbau des Grids:

Vorlage: Blume des Lebens (S. 191)

Ritual:

- Lasse das Gayatri-Mantra während des gesamten Rituals im Hintergrund laufen. Es hilft dir, dich mit der Erde, der Menschheit und dem Leben zu verbinden und unentwegt Heilung, Liebe und Mitgefühl in die Welt zu senden.

- Beginne damit, deine Kristalle zu reinigen. Kläre mithilfe eines Räucherstoffes deinen Ritualplatz, und lege dir die Vorlage »Blume des Lebens« zurecht (Solltest du diese gerade nicht zur Hand haben, lege die Steine einfach wie nachfolgend beschrieben aus).

- Breite die Kristalle vor dir aus, schließe deine Augen, und atme einige Male tief ein und aus, bis du in einen Zustand von innerer Ruhe und Klarheit gelangst. Dann sprich entweder ein Gebet (S. 67), oder bitte deine Höhere Führung um Schutz und Fokus.

- Nimm die Kugel aus Rosenquarz, und umschließe sie mit beiden Händen. Stimme dich ein, indem du mehrmals tief durchatmest und deine Wünsche, deine Vorstellung einer idealen Erde (unter Berücksichtigung des Wohls aller Lebewesen) vorstellst. Lasse dir dabei Zeit.

- Lege nun die Kugel in die Mitte. Außen herum lege in einem Dreieck die grünen Calcite, Amethyste usw. Du kannst dieses Grid wie auf dem Bild oder nach deinem eigenen Gefühl legen.

- Nachdem du alle Kristalle ausgelegt hast, verbinde sie von innen nach außen mit dem Aktivierungskristall miteinander. Halte danach einen Moment inne, und bedanke dich bei Mutter Erde für all das, was sie uns schenkt.

Wir empfehlen dir, dieses Grid immer dann zu legen, wenn du das Gefühl hast, die Erde – oder auch das Gebiet, in dem du lebst – braucht Heilung. Lasse es so lange liegen, wie es sich für dich gut und richtig anfühlt.

Es ist sinnvoll, das Gayatri-Mantra einmal täglich abzuspielen und mit dem Grid zu meditieren – das gibt ihm Aufmerksamkeit, Kraft und Energie. Wenn du möchtest, baue das Grid aus, indem du Blüten, Blätter oder andere Geschenke der Natur hinzufügst.

REICHTUM & FÜLLE

Um Überfluss, Geld und Fülle in unserem Leben zu manifestieren, sind Kristalle und Grids verblüffend einfache Möglichkeiten. Denn sie helfen, die Manifestation auf allen Ebenen zu beschleunigen und darüber hinaus hindernde innere Programme zu deaktivieren und uns neu auszurichten. Der ideale Zeitpunkt, um ein Fülle-Grid zu legen, ist der Neumond. Es kann dann bis zum kommenden Vollmond liegen bleiben.

Crystal Grid: AUFLÖSUNG NEGATIVER GLAUBENSMUSTER

Was du dazu brauchst:

- 1 Citrin als Fokuskristall (Wohlstand, Manifestation, Freude)
- 6 Bergkristallspitzen (Klarheit, Energieaufbau, Fülle)
- 6 kleine Pyrite (Geldfluss, Selbstvertrauen, Schutz)
- 6 Tigeraugen (Erfolg, Tatkraft, Entscheidungskraft)
- 6 Aventurine (Manifestation, Reichtum, Balance)
- 6 Geldmünzen (falls es explizit um Geld geht)
- 1 Zettel und 1 Stift
- 1 grüne Kerze (Symbol für Wohlstand)
- 1 Bund Salbei, Palo Santo oder Weihrauch
- 1 Aktivierungskristall

Dieses Grid hilft, hinderliche Glaubensmuster und Ängste in Bezug auf Fülle und Reichtum zu lösen. Wende es an, wenn du bemerkst, dass dich immer wieder dieselben Themen rund um die Fülle in deinem Leben beschäftigen. Meist sind dann Muster aus unserer Kindheit tief in unser Unterbewusstsein eingepflanzt, die wir mithilfe der Kristalle transformieren können.

HINWEIS:
Lasse das Grid von Neumond zu Vollmond liegen, und arbeite täglich mit seiner Schwingung.

Aufbau des Grids:

Vorlage: Same des Lebens (S. 189)

Ritual:

- Beginne damit, deine Kristalle zu reinigen. Kläre mithilfe eines Räucherstoffes deinen Ritualplatz, und lege dir die Vorlage »Same des Lebens« zurecht (Solltest du diese gerade nicht zur Hand haben, lege die Steine einfach wie nachfolgend beschrieben aus).

- Breite die Kristalle vor dir aus, schließe deine Augen, und atme einige Male tief ein und aus, bis du in einen Zustand von innerer Ruhe und Klarheit gelangst. Dann sprich entweder ein Gebet (S. 67), oder bitte deine Höhere Führung um Schutz und Fokus.

- Wenn du möchtest, schreibe nun eine klare und zielorientierte Absicht in Bezug auf Fülle und inneren Reichtum auf den Zettel (z. B.: *»Ich bin bereit, mich ab sofort dem Thema ›Geld‹ liebevoll zuzuwenden«* oder *»Hiermit erkläre ich, dass ich meine Finanzen im Blick behalte und geordnet mit ihnen umgehe«* oder *»Mehr und mehr bin ich bereit, meine innere Fülle im Außen sichtbar werden zu lassen«* …).

- Lege den Zettel unter die Vorlage bzw. unter den Fokuskristall. Platziere den Citrin in der Mitte des Grids als Fokuspunkt. Ordne die anderen Kristalle wie auf der Abbildung an, oder gehe intuitiv vor, so, wie es dir gefällt. Lege zum Schluss einige Münzen dazu, falls dein Thema »Geld« ist.

- Aktiviere das Grid, indem du mit deinem Aktivierungskristall von der Mitte aus beginnst, alle Kristalle (energetisch) miteinander zu verbinden. Gehe behutsam vor, und mache dir die Intention bewusst, die du mit diesem Ritual umsetzen möchtest.

Tägliches Ritual: Stelle die grüne Kerze neben das Grid, und zünde diese täglich für einige Minuten oder, solange du magst, an, und verbinde dich mit deinem Grid. Öffne dein Herz, indem du dir das Grid meditativ anschaust und dir deiner Atemzüge bewusst wirst. Stelle dir dabei vor, wie sich deine Intention anfühlt, wenn sie gelöst ist, und sei dir sicher: Das ist sie bereits!

Crystal Grid: ANZIEHUNG VON FÜLLE & REICHTUM

Was du dazu brauchst:

- 1 Citrin oder 1 Bergkristall als Fokuskristall (zieht Fülle an, hilft beim Manifestieren)
- 4 Bergkristallspitzen (4 steht für Manifestation, Ausdehnung und Erweiterung – Bergkristalle helfen, die Energie zu lenken und zu erweitern)
- 4 Pyrite (Füllebewusstsein, Reichtum, Materie)
- 8 kleine Citrine (8 steht für Wachstum und Harmonie, die Citrine gelten als Kristalle des Wohlstands und der Anziehungskraft)
- 12 kleine Bergkristalle als Trommelsteine
- 8 Kristalle deiner Wahl, die für dich von ihrer Form, Farbe und Schwingung zur Fülle passen
- 2 Zettel und 1 Stift
- 1 grüne Kerze (Symbol für Wohlstand)
- 1 Bund Salbei, Palo Santo oder Weihrauch
- 1 Aktivierungskristall
- Übrigens: Weitere Reichtumskristalle sind: Goldfluss, Jade, Aventurin, Pyrit, Tigerauge, Malachit, grüner Calcit sowie Karneol

Dieses Grid geht gezielt auf die Anziehung von Reichtum ein und aktiviert Potenziale und Geldflüsse in Form eines neuen Jobs, günstiger Gelegenheiten oder gar Schenkungen. Es ist verblüffend, wie effektiv solch ein Grid wirken kann!

Ritual:

Aufbau des Grids:

Vorlage: Metatrons Würfel (S. 197)

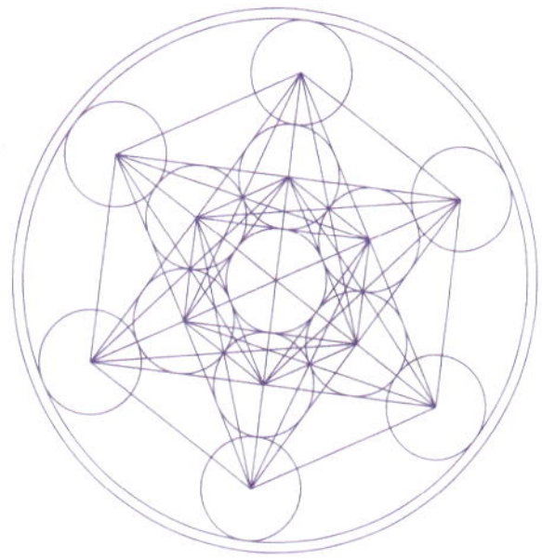

- Beginne damit, deine Kristalle zu reinigen. Kläre mithilfe eines Räucherstoffes deinen Ritualplatz, und lege die Vorlage zurecht (Solltest du diese nicht zur Hand haben, lege die Steine einfach wie nachfolgend beschrieben aus).

- Breite die Kristalle vor dir aus, schließe deine Augen, und atme einige Male tief ein und aus, bis du in einen Zustand von innerer Ruhe und Klarheit gelangst. Dann sprich entweder ein Gebet (S. 67), oder bitte deine Höhere Führung um Schutz und Fokus.

- Entzünde die grüne Kerze, und sorge für eine wohlige Atmosphäre, in der du dich entspannen und dir deines Wunsches in der Tiefe bewusst werden kannst. Nimm dir nun etwas zu schreiben, und atme sanft ein und aus, sodass du dich in den Raum deines Herzens fallen lassen kannst. Tauche in die folgenden Fragen ein, und beantworte sie schriftlich: »Welche Ziele und Wünsche möchte ich in Bezug auf Wohlstand und Fülle erreichen?«, »Welche neuen Gedankenformen möchte ich in Bezug auf die innere Fülle aktivieren?«, »Was bin ich bereit, hinter mir zu lassen, um Wohlstand anzuziehen?«

- Nimm nun einen weiteren Zettel zur Hand, und notiere deine Antworten in der Gegenwartsform, positiv und so, dass die Worte sich aufregend und stabilisierend für dich anfühlen. Lege diesen Zettel unter dein Grid (Falls du die Vorlage verwendest, lege ihn unter diese).

Ritual:

- Beginne nun, die Kristalle auszulegen, indem du sie von außen zur Mitte hin anordnest (dies führt dich automatisch in deine Mitte). Bitte lasse dich in Bezug auf die Anordnung führen. Lege/stelle zum Schluss den Fokuskristall, den Citrin oder Bergkristall, in die Mitte.

- Aktiviere das Grid, indem du mit deinem Aktivierungskristall von der Mitte aus beginnst, alle Kristalle (energetisch) miteinander zu verbinden. Gehe behutsam vor, und mache dir deine Intention bewusst, die du mit diesem Ritual umsetzen möchtest.

Tägliches Ritual: Um Fülle, Wohlstand und Reichtum anzuziehen, ist es wichtig, den Fokus auf das Positive und Kraftvolle zu lenken. Wann immer wir bemerken, dass wir »im Mangel denken« und schließlich sind, sollten wir unseren Fokus korrigieren. Die Affirmationen, die du notiert hast, kannst du fortan bis zum nächsten Vollmond (oder länger) täglich wiederholen, während du die Kerze anzündest und dich mit dem Grid verbindest.

Eine weitere Möglichkeit ist, dich dem hinduistischen Mantra der Göttin Lakshmi zuzuwenden und dieses zu rezitieren: *»Om Shreem Mahalakshmiyei Namaha.«*

Dieses Mantra ist eine Begrüßung an die Göttin Lakshmi in unserem eigenen Herzen, die für Wohlstand, Glück und Schönheit steht. Es spendet Segen und Fülle auf allen Ebenen.

Du kannst es täglich 108-mal chanten oder, sooft es sich für dich gut anfühlt.

Crystal Grid: GOLDEN HEALER

Was du dazu brauchst:

- 1 Golden-Healer-Kristall als Fokuskristall (machtvolle Heilimpulse und Manifestation)
- 4–6 Bergkristalle (Verstärkung der Heilwirkung)
- 2 Rauchquarze (Auflösung von inneren Blockaden)
- Kristalle deiner Wahl
- etwas Moos als Unterlage (als Wasser- und Gefühlsspeicher)
- 1 Bund Salbei, Palo Santo oder Weihrauch
- 1 Aktivierungskristall

Das Golden-Healer-Grid bewirkt Heilung auf allen Ebenen: Die machtvollen Heilimpulse des Golden-Healer-Kristalls wirken auf Körper, Geist und Seele und unterstützen gleichzeitig bei der Manifestation von Reichtum und Fülle. Wann immer du also Blockaden beseitigen und den Energiefluss im Körper und in der Außenwelt aktivieren willst, lege dieses Grid. Besonders kraftvoll ist es als Manifestationsgrid vor oder an der Haustür, um Fülle und Reichtum anzuziehen.

HINWEIS:
Der Golden-Healer-Kristall, ein Bergkristall mit Limonit, wird auch »Schamanischer Traumquarz« genannt und hat ein vielfältiges Wirkungsspektrum.

Ritual:

- Beginne damit, deine Kristalle zu reinigen. Kläre mithilfe eines Räucherstoffes deinen Ritualplatz, und lege das Moos als Unterlage für dein Grid aus.

- Breite die Kristalle vor dir aus, schließe deine Augen, und atme einige Male tief ein und aus, bis du in einen Zustand von innerer Ruhe und Klarheit gelangst. Dann sprich entweder ein Gebet (S. 67), oder bitte deine Höhere Führung um Schutz und Fokus.

- Nimm den Golden-Healer-Kristall (Fokuskristall) in die Hand, und schließe die Augen. Stelle dir vor, wie er anhand deiner Intention bzw. inneren Bilder in die Heilung bringt, was in deinem Leben unklar und störend erscheint. Als Traumquarz nimmt er deine Vorstellungen, inneren Bilder und Träume genau wahr. Er hört zu. Nutze diese Eigenschaft, und lasse alles in deinem Leben durch sein Licht noch heller und strahlender werden. Mache dir nun bewusst, was du in deinem Leben manifestieren möchtest.

- Nun kann die Legung beginnen: Platziere zunächst den Golden-Healer-Kristall in der Mitte, und lege die übrigen Kristalle um ihn herum. Du kannst dabei vorgehen wie auf dem Bild gezeigt oder deiner eigenen Intuition folgen.

- Aktiviere das Grid, indem du mit dem Aktivierungskristall alle Kristalle miteinander verbindest, und lasse es so lange liegen, wie es sich für dich stimmig anfühlt.

LIEBE, PARTNERSCHAFT & BEZIEHUNGEN

Die Liebe will gelebt werden, und zwar von jedem von uns. Es gilt, die Liebe in uns zu erwecken, damit wir für sie empfänglich sind, statt sie nur äußerlich anzuziehen. Indem wir uns darauf fokussieren, was wir wirklich wollen, diese Absicht mithilfe der Grids in eine Form bringen und unsere inneren Blockaden erkennen, können wir all das in unser Leben ziehen, wofür wir bereit sind – und die Liebe kann gelebt werden.

Crystal Grid: SELBSTLIEBE

Was du dazu brauchst:

- 1 Rosenquarz in Herzform (unterstützt in Bezug auf Liebe, Partnerschaft und Emotionen)
- ½ Handvoll Rosenquarze als kleine Trommelsteine
- 4 Bergkristallspitzen (Klarheit, Blockadenlöser, Steigerung der Selbstwahrnehmung, verstärken Energien)
- 4 mittelgroße Rosenquarze als Trommelsteine (Sensibilität, mindern Ängste, herzöffnend, Verbundenheit, Harmonie, Liebe, müheloses Loslassen, heilend auf Herzebene)
- 8 rosafarbene Rosenblätter
- 1 Bund Salbei, Palo Santo oder Weihrauch
- 1 Aktivierungskristall

Wir alle wissen mittlerweile, dass die Liebe zu uns selbst der größte Heiler sein kann. Sie ist die Grundvoraussetzung dafür, dieses Leben in vollen Zügen genießen zu können, sich selbst ebenso wie andere und diese Erde. Wenn du fähig bist, dich selbst zu lieben, gibst du anderen die Erlaubnis und die Chance, dies ebenso zu tun. Du öffnest die Tür, damit Menschen diese Liebe auch dir entgegenbringen können – daher ist dieses Grid möglicherweise der Beginn einer ganz neuen Liebe.

Aufbau des Grids:

Vorlage: Same des Lebens (S. 189)
(um die Liebe zu verstärken)

Ritual:

- Suche dir vorab einen Ort, an dem du täglich mit deinem Selbstliebe-Grid in Kontakt kommst.
- Beginne damit, deine Kristalle zu reinigen. Kläre mithilfe eines Räucherstoffes deinen Ritualplatz, und lege die Vorlage »Same des Lebens« zurecht (Solltest du diese nicht zur Hand haben, lege die Steine einfach wie nachfolgend beschrieben aus).
- Breite die Kristalle vor dir aus, schließe deine Augen, und atme einige Male tief ein und aus, bis du in einen Zustand von innerer Ruhe und Klarheit gelangst. Dann sprich entweder ein Gebet (S. 67), oder bitte deine Höhere Führung um Schutz und Fokus.
- Lege das Rosenquarzherz in die Mitte und einen Kreis aus den kleinen Rosenquarzen darum.
- Nun lege die Bergkristallspitzen als Strahlen von dem Herz und dem Kreis weg, und verbinde das Ganze mit den mittelgroßen Rosenquarzen zu einem neuen Kreis.
- Die Rosenblätter legst du in die Lücken zwischen die Bergkristalle und Rosenquarze.
- Aktiviere das Grid, indem du mit deinem Aktivierungskristall alle Kristalle (energetisch) miteinander verbindest.
- Sprich nun für ca. 30 Tage (oder mehr) täglich folgende Affirmation, während du dich mit deinem Grid verbindest: *»Ich liebe und akzeptiere mich und mein Sein vollständig und öffne mein Herz für die größte Liebe meines Lebens – mich selbst.«*

Dieses Grid zieht den Fokus des Mangels, des Nicht-gut-genug-Seins und jeglicher Form der Angst aus deinem Feld und installiert Liebe, Annahme und Mitgefühl. Wir empfehlen dir, während der 30 Tage immer wieder kleine Selbstliebe-Rituale einzubauen. Du findest im Kapitel »Erwachende Schönheit« ab S. 167 weitere Inspirationen.

Crystal Grid: LIEBE ANZIEHEN/ ERFÜLLTE PARTNERSCHAFT

Was du dazu brauchst:

- 1 Rosenquarz in Herzform (Form der Liebe und Anziehung)
- 3 Ametrine (fördern Harmonie, balancieren das Gefühlsleben und wirken ausgleichend)
- 4 kleine Rosenquarze als Trommelsteine (Herzensöffner, Gefühle zulassen, Liebe verstärken)
- 6 Bergkristallspitzen (lenken die Energie, bringen Licht uns Dunkle, ziehen an).
- 6 Amethyste(besänftigen, richten den Geist aus, öffnen Herz und Krone)
- 1 Bund Salbei, Palo Santo oder Weihrauch
- 1 Aktivierungskristall

Manchmal wünschen wir uns einen Menschen an unserer Seite, der zu unserer Schwingung passt, unsere Wünsche und Sehnsüchte erfüllt und uns ein Gefühl wahrer Verbundenheit schenkt. Liebe anzuziehen, ist eine Manifestationsmethode, die mit der Kraft der Selbstliebe (S. 114) arbeitet und dann unsere Energie in die Welt ausstrahlt, damit sie zum richtigen Empfänger findet. Doch auch wenn du in einer Partnerschaft lebst, ist dieses Grid sehr heilsam für euren weiteren Weg und korrigiert etwaige Ängste oder Stress.

HINWEIS:
Wir empfehlen, dieses Grid an Neumond bis zum nächsten Neumond (oder länger) auszulegen. Dafür brauchst du keine Vorlage, es basiert auf den Symbolen des Herzens, Quadrats, Dreiecks und des Sterns.

Ritual:

- Wähle in deiner Wohnung am besten einen Platz im Schlafzimmer (idealerweise im Partnerschaftsbereich nach Feng-Shui), oder lege das Grid unter dein Bett.
- Beginne damit, deine Kristalle zu reinigen. Kläre mithilfe eines Räucherstoffes deinen Ritualplatz.
- Breite die Kristalle vor dir aus, schließe deine Augen, und atme einige Male tief ein und aus, bis du in einen Zustand von innerer Ruhe und Klarheit gelangst. Dann sprich entweder ein Gebet (S. 67), oder bitte deine Höhere Führung um Schutz und Fokus.
- Lege das Rosenquarzherz in die Mitte, und verweile für einige Atemzüge. Stelle dir vor, wie die für dich optimale Partnerschaft aussieht, und fokussiere dich während des Auslegens ganz auf deine inneren Bilder.
- Platziere die Ametrine in Form eines Dreiecks um das Herz herum.
- Lege nun die Rosenquarze in Form eines Quadrats um die Ametrine herum.
- Die Bergkristalle und Amethyste kannst du nun in Form eines Sternes darum anordnen und alle Steine mit dem Aktivierungskristall aktivieren.

Crystal Grid: CUTTING-RITUAL

Was du dazu brauchst:

- ca. 50 Trommelsteine
  (2–3 cm groß, in kleinen Säcken erhältlich). Wähle eine Gruppe von Trommelsteinen zu deinem Thema:
  - Rosenquarz: Liebe – Anziehung – Vergebung – Familie
  - Bergkristall: Klarheit – Schutz – Bewusstsein – Anziehung
  - Hämatit: Erdung – Urvertrauen – Materie (Finanzen, Wohnen, Arbeit) – Realität
  - Amethyst: Träume – Innenwelt – Sehnsucht – alter und verdrängter Schmerz
- 1 Bund Salbei, Palo Santo oder Weihrauch
- 1 Aktivierungskristall
- 2 Fotos
  (von dir und der Person, um die es geht/alternativ: 2 Zettel mit den jeweiligen Namen oder dem jeweiligen Thema – du kannst auch Gegenstände verwenden, die zu dem Thema passen)

Manchmal kann es hilfreich sein, bestimmte Umstände, Dramen und auch Menschen bewusst aus unserem Energiefeld zu verabschieden bzw. die negativ geladenen Emotionen dahinter zu lösen. Dieses Ritual bewirkt nicht, dass sich Situationen in Luft auflösen, sondern potenziert die Schwingung von Liebe, richtet neu aus und kann unter Umständen auch einen schnellen Cut oder eine schnelle Klarheit bewirken.

Aufbau des Grids:

Vorlage: Liegende Acht (S. 195)

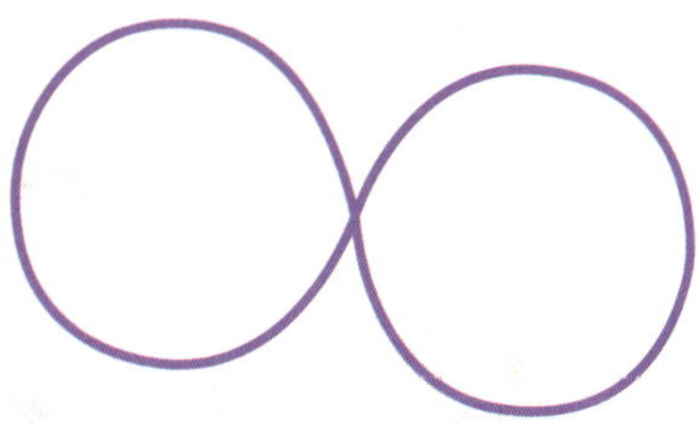

Ritual

- Beginne damit, deine Kristalle zu reinigen. Kläre mithilfe eines Räucherstoffes deinen Ritualplatz, und lege dir die Vorlage »Liegende Acht« zurecht.
- Breite die Kristalle vor dir aus, schließe deine Augen, und atme einige Male tief ein und aus, bis du in einen Zustand von innerer Ruhe und Klarheit gelangst. Dann sprich entweder ein Gebet (S. 67), oder bitte deine Höhere Führung um Schutz und Fokus.
- Platziere die beiden Fotos oder Zettel jeweils mittig in einer der Schleifen der liegenden Acht, und platziere zwei der Trommelsteine darauf. Forme nun die liegende Acht, indem du die Kristalle entgegen dem Uhrzeigersinn auslegst (wo du beginnst, bleibt deiner Intuition überlassen).
- Aktiviere das Grid, indem du mit deinem Aktivierungskristall im Uhrzeigersinn jeden der Kristalle (energetisch) miteinander verbindest. Gehe behutsam vor, und mache dir deine Intention bewusst, die du mit diesem Ritual umsetzen möchtest.
- Lasse deinen Geist sich mit ein paar Fragen beschäftigen, während du dich meditativ mit deinem Grid verbindest: *»Welchen Anteil trage ich selbst in dieser Angelegenheit?«, »Wie kann ich mir und meinem Gegenüber/der Situation vergeben, um mich frei und lebendig zu fühlen?«, »Wie viel Schmerz bin ich heute bereit, dadurch hinter mir zu lassen?«, »Was für ein Geschenk kann ich erfühlen, wenn ich bedingungslos Ja sage?«*
- Sprich ab sofort für 28 Tage täglich folgende Affirmation jeweils dreimal, und blicke dabei meditativ auf dein Grid: *»Ich bin jetzt und hier bereit, mich von … zu lösen und mich durch alle Dimensionen, Inkarnationen und Ebenen aus der Bindung zu befreien in dem Wissen, dass die universelle Ordnung wiederhergestellt wird.«*

Es ist wichtig, sich selbst hin und wieder, ja, manchmal auch täglich, von energetischen Bindungen zu lösen. Diese bauen sich unweigerlich auf, wenn wir in irgendeiner emotionalen Verbindung zu einem anderen Menschen stehen bzw. gestanden haben. Unsere Aura ist wie ein Schwamm und saugt Energien auf, stellt Verbindungen in Form unsichtbarer Schnüre, Seile oder auch Stränge her, die uns teilweise ein ganzes Leben lang behindern können.

Als ich (Dennis) das erste Mal von der Cutting-Methode hörte, hatte ich mit schwerem Liebeskummer zu kämpfen. Mein Ego wollte diese Person einfach nur zurückhaben, koste es, was es wolle. Ich hatte Bedenken, dass dieses Ritual von jetzt auf gleich einen Cut erzeugen könnte, die Person sich nie wieder melden, geschweige denn Interesse zeigen würde. Doch ich erfuhr, dass das Cutting besonders in Form einer liegenden Acht lediglich bei mir selbst die emotionale sowie energetische Form auflöst, die mit einer Person oder Situation in Verbindung steht.

Tatsächlich wendete ich dieses Ritual täglich an und konnte meinen Kummer immer mehr besänftigen. Nicht nur das, es eröffnete mir innerhalb kürzester Zeit eine vollkommen klare Sicht auf die Situation. Doch am faszinierendsten war, wie sich auch meine Beziehung zu der Person auf positive Weise wandelte.

Ich nutze seitdem dieses Ritual auch, um die Beziehung zu meinen Eltern, Freunden und Kollegen zu verbessern und Energien zu lösen, die sich sonst wie ein dunkler Schatten um meine Aura legen.

Ritual: DIE SCHALE DER WERTSCHÄTZUNG

In langjährigen Beziehungen sehen wir häufig nur noch Fehler und vermeintliche Macken unseres Partners. So sehr wir uns bemühen, diese Angewohnheit abzustellen, irgendwas bringt uns wieder und wieder dazu, die negativen Eigenschaften in den Vordergrund zu rücken. Mithilfe der Schale der Wertschätzung können wir energetisch und mit der liebevollen Weisheit der Kristalle eine neue Basis, Raum für Dankbarkeit, Wertschätzung und das Positive schaffen. Durch partnerschaftliche Symbole, Bilder und weitere Gegenstände wird die Schale von der Kraft der Aufmerksamkeit erfüllt.

Was du dazu brauchst:

- 1 Schale und so viele Kristalle, wie die Schale fassen kann. Es ist unwichtig, wie groß diese ist – sie sollte sich gut für dich anfühlen.
- ein paar kleine Zettel und 1 Stift
- Symbole, gemeinsame Bilder, Blüten etc.
- 1 Bund Salbei, Palo Santo oder Weihrauch

Ritual:

- Beginne damit, deine Kristalle zu reinigen. Kläre mithilfe eines Räucherstoffes deinen Ritualplatz.
- Breite die Kristalle vor dir aus, schließe deine Augen, und atme einige Male tief ein und aus, bis du in einen Zustand von innerer Ruhe und Klarheit gelangst. Dann sprich entweder ein Gebet (S. 67), oder bitte deine Höhere Führung um Schutz und Fokus.
- Lege nun die Kristalle, Symbole und alle weiteren Gegenstände, die zu eurer Beziehung passen, in die Schale.
- Schreibe auf die einzelnen Zettel innerhalb von drei Minuten so viele Dinge wie möglich, die dir an deinem Partner gefallen, für die du dankbar bist und die du wertschätzt.
- Nun beginnt das eigentliche Ritual: Nimm dir für die nächsten acht Tage oder Wochen täglich oder immer mal wieder eine Minute Zeit, die Zettel zu beschriften und in die Schale zu legen. Nach wenigen Tagen/Wochen wird sich dein Fokus stark wandeln und durch die Kristallmagie verstärkt. Dein Blick wird klarer, und du erkennst, aus welchem Grund ihr diese Reise gemeinsam geht.

HEILSAMER SCHLAF

In vielen Religionen und Kulturen gibt es den »heilsamen Tempelschlaf«, eine Zeit, in der man ruhen und ganz zu sich kommen soll. Leider haben wir in der heutigen Zeit verlernt, richtig abzuschalten und zur Ruhe zu kommen. Schuld daran sind nicht nur verschiedene belastende Einflüsse aus unserer Umwelt, sondern auch unsere eigenen belastenden und kreisenden Gedanken. Mithilfe eines Grids können wir uns bewusst machen, dass die Zeit für Ruhe gekommen ist. Die Steine helfen uns dabei, alles, was uns von Ruhe, Entspannung und Schlaf abhält, auf gesunde Weise auszublenden und wirklich bei uns anzukommen.

Ritual: SANFTE SCHWINGUNGEN IM SCHLAFZIMMER

Was du dazu brauchst:

- 4 Amethystdrusen (helfen, den Geist zu beruhigen und den Schlaf zu fördern)
- 1 Schungitpyramide (gegen elektromagnetische Strahlung und zur Erdung)
- 4 Bergkristallspitzen (sanfte Aktivierung)
- 1 Bund Salbei, Palo Santo oder Weihrauch
- 1 Aktivierungskristall

Unsere Schlafqualität bestimmt, wie und was wir leben. Ein unruhiger Schlaf, ständiges Aufwachen oder Einschlafprobleme können unseren Energielevel stark verringern. Kristalle sind hier wahre Helfer, denn sie arbeiten über Nacht mit uns, bringen unseren Geist zur Ruhe und Sanftheit in unseren Körper.

Ritual:

- Beginne damit, deine Kristalle zu reinigen. Kläre mithilfe eines Räucherstoffes deinen Ritualplatz.
- Breite die Kristalle vor dir aus, schließe deine Augen, und atme einige Male tief ein und aus, bis du in einen Zustand von innerer Ruhe und Klarheit gelangst. Dann sprich entweder ein Gebet (S. 67), oder bitte deine Höhere Führung um Schutz und Fokus.
- Platziere nun in jeder Ecke deines Schlafzimmers einen Amethyst.
- Stelle die Schungitpyramide (Pyramiden tragen eine große Einweihungsenergie in sich) unter dein Bett, und lege an jede Ecke der Pyramide eine Bergkristallspitze, die möglichst in Richtung der Amethyste zeigt.
- Nimm nun den Aktivierungskristall zur Hand, und verbinde alle Amethyste (energetisch) miteinander und dann die Bergkristalle mit dem Schungit.
- Lege den Aktivierungskristall in der kommenden Zeit jede Nacht unter dein Kopfkissen.

Crystal Grid: NACHTTISCH-TRAUM-GRID

Was du dazu brauchst:

- 1 kleine Schale, gefüllt mit Himalayasalz
- 1 Rosenquarz
- 4 Mondsteine
  (fördern die Intuition und Ruhe)
- 6 Amethyste, gerne als Trommelsteine
  (fördern guten und sanften Schlaf, öffnen das Dritte Auge)
- 4 Coelestine
  (Engelenergie, fördern Frieden, Harmonie)
- 1 Bund Salbei, Palo Santo oder Weihrauch
- 1 Aktivierungskristall

Unsere Träume sind wahre Heiler! Wir verarbeiten im Traum unseren Alltag, erfahren aus der Ebene der Seele Heilung und erhalten aus unserer Innenwelt wertvolle Informationen. Mit diesem Grid aktiveren wir das Potenzial, zu träumen und damit unseren Schlaf zu verbessern. Es eignet sich als zusätzliches Grid zu dem zuvor beschriebenen Ritual.

Ritual:

- Beginne damit, deine Kristalle zu reinigen. Kläre mithilfe eines Räucherstoffes deinen Ritualplatz.
- Breite die Kristalle vor dir aus, schließe deine Augen, und atme einige Male tief ein und aus, bis du in einen Zustand von innerer Ruhe und Klarheit gelangst. Dann sprich entweder ein Gebet (S. 67), oder bitte deine Höhere Führung um Schutz und Fokus.
- Stelle die Schale mit Himalayasalz auf deinen Nachttisch.
- Nun nimm den Rosenquarz in deine Hände, und sprich, falls du möchtest, eine kurze Intention in den Kristall, z. B. »*Ich bitte um Ruhe und inneren Frieden*«. Lege ihn anschließend in die Schale mit dem Salz, damit deine Intention rein und klar gehalten wird.
- Platziere darum vier Mondsteine.
- Lege wie auf dem Bild in einer Linie zwischen die Mondsteine die sechs Amethyste und als Verlängerung der Amethyste die Coelestine.
- Nimm nun den Aktivierungskristall zur Hand, verbinde alle Kristalle (energetisch) miteinander, und lege den Aktivierungskristall in die Nähe des Kopfendes deines Bettes.

Crystal Grid: HEILSAME IMPULSE

Was du dazu brauchst:

- 4 Selenitstäbe
- 4 Amethyste
- 1 Bund Salbei, Palo Santo oder Weihrauch
- 1 kleinen Bergkristall

Ein denkbar einfaches, aber effektives Crystal Grid, um unsere Aura und unser energetisches System über Nacht aufzuladen.

Ritual:

- Beginne damit, deine Kristalle zu reinigen. Kläre mithilfe eines Räucherstoffes deinen Ritualplatz.
- Breite die Kristalle vor dir aus, schließe deine Augen, und atme einige Male tief ein und aus, bis du in einen Zustand von innerer Ruhe und Klarheit gelangst. Dann sprich entweder ein Gebet (S. 67), oder bitte deine Höhere Führung um Schutz und Fokus.
- Platziere nun unter deinem Bett, beginnend am Kopfende, einen Selenitstab, dann einen Amethyst und wieder einen Selenitstab, und fahre in dieser Reihenfolge fort, bis du alle Steine gelegt hast.
- Aktiviere die Linie, indem du die Kristalle mit dem Bergkristall aktivierst.

Dieses Grid balanciert, aktiviert heilsame Schwingungen und gleicht dein Chakra- sowie Aurasystem über Nacht aus.

DIE KRAFT URALTER ZEITEN

Der Geschichte des Medizinrades nach wurden die Steine als Erstes auf unserer wunderschönen Mutter Erde geboren. Sie sind uralte Zeitzeugen und haben mehr erlebt, gesehen und erfahren, als wir uns vorstellen können. Aus diesem Grund können sie uns auch mit der Kraft der uralten Zeit verbinden. Sie sind unser Verbindungsglied zur alten Zeit und schenken uns alle Informationen, die wir gerade brauchen. Indem wir das Wissen der Steine in Form eines Grids nutzen, können wir uns durch Raum und Zeit verbinden und uns zurückerinnern.

Crystal Grid: AVALON

Die Heilige Insel Avalon ist schon vor Hunderten von Jahren hinter den Nebeln verschwunden und verweilt nun in anderen Dimensionen – und doch ruft unsere Seele noch immer nach diesem Ort der Verbundenheit, der Magie und der Priesterinnen und Druiden. Über all die Zeit wurden die Legende der Heiligen Insel, ihre Geschichte und einzelne Fragmente ihres Wissens bis heute bewahrt. Avalon, die Heilige Insel im alten Britannien, auf der Priesterinnen lebten und lehrten, war ein Ort des Studierens, der Rituale und der Einweihung in die Elemente. Hier wurden die Große Göttin geehrt sowie die göttliche Kraft und der Funke, der in allen Dingen glüht. Die Nebelschleier zu diesem heiligen Ort konnten nur Eingeweihte lüften. Es wird vermutet, dass Glastonbury in England heute das Tor in die höheren Dimensionen nach Avalon ist.

Dieses Grid darf dich dabei unterstützen, ein Portal zu öffnen, mit der Energie Avalons in Kontakt zu treten und diese in dir zu erwecken sowie alte Wunden zu heilen. Zudem kannst du mit diesem Grid in Einklang mit dir kommen und deine weibliche und deine männliche Seite in Balance bringen. Es darf ein Portal für die Große Göttin sein, aber auch eine Inspiration, auf den Pfaden deiner spirituellen Ahnen zu wandeln. Falls dies alles nicht für dich infrage kommt, dann spüre in dich hinein, ob dich die Magie der Vesica Piscis ruft, die wir im Kapitel »Die Magie der heiligen geometrischen Formen« (S. 54) für dich kurz erläutert haben.

Was du dazu brauchst:

- 1 runden Regenbogenfluorit als Handschmeichler (innere Harmonie, geistige Freiheit, Klarheit)
- 7 kleine Amethystspitzen (Vertrauen, Intuition, Spiritualität)
- 7 kleine Citrinspitzen (Fülle, Glück, neue Möglichkeiten, Reichtum)
- 1 Bund Salbei, Palo Santo oder Weihrauch
- 1 Aktivierungskristall

Ritual:

Aufbau des Grids:
Vorlage: Vesica Piscis (S. 199)

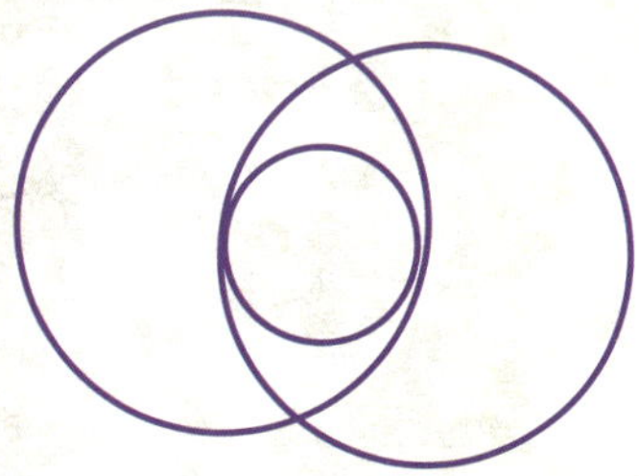

- Beginne damit, deine Kristalle zu reinigen. Kläre mithilfe eines Räucherstoffes deinen Ritualplatz, und lege die Vorlage »Vesica Piscis« zurecht (Solltest du diese nicht zur Hand haben, lege die Steine einfach wie nachfolgend beschrieben aus).

- Breite die Kristalle vor dir aus, schließe deine Augen, und atme einige Male tief ein und aus, bis du in einen Zustand von innerer Ruhe und Klarheit gelangst. Dann sprich entweder ein Gebet (S. 67), oder bitte deine Höhere Führung um Schutz und Fokus.

- Nun nimm den Regenbogenfluorit für deine Mitte in die Hände, und sprich, falls du möchtest, eine kurze Intention in den Kristall, z. B. »*Ich bitte um die Verbindung zu Avalon, und möge sich der Nebel in mir lichten.*« Platziere ihn dann in der Mitte.

- Lege die sieben Amethystspitzen zu einem Kreis um den Regenbogenfluorit.

- Lege anschließend die sieben Citrinspitzen zu einem zweiten Kreis um den Regenbogenfluorit.

- Nimm nun den Aktivierungskristall zur Hand, und verbinde alle Kristalle (energetisch) miteinander.

Crystal Grid: LEMURIA

Was du dazu brauchst:

- 1 Säule aus grünem Fluorit (Ordnung in den verschiedenen Lebenslagen schaffen, Intuition, machen dich empfänglich für die Liebe, befreien)
- 11 Friedensachate als Trommelsteine (Schutz, Trost, Herzlichkeit, Toleranz, Anziehungskraft)
- 3 Nephrit-Jaden als Trommelsteine (unterstützen Glück, schenken Hoffnung, Selbstfindung, innerer Frieden)
- 6 Bergkristallspitzen (Klarheit, Blockadenlöser, Steigerung der Selbstwahrnehmung, verstärken Energien)
- 1 Bund Salbei, Palo Santo oder Weihrauch
- 1 Aktivierungskristall

Lemuria, oder auch Lemurien, ist ein Ort, der noch heute in einer Parallelwelt oder anderen Dimension besteht und mit dem wir uns noch immer verbinden können. Die Bewohner von Lemuria waren hoch entwickelt, sie kommunizierten telepathisch miteinander, und sie entwickelten eine hochintelligente Technologie. Zudem waren die Lemurianer die Hüter der Erde, denn sie waren immer im Kontakt mit der Natur und die erste Zivilisation auf unserem Planeten. Sie bildeten eine Gesellschaft, in der Freude, Mitgefühl, Genuss und Verständnis, aber auch das Heilen einen hohen Stellenwert einnahmen. Lemuria war die Schwingung der Liebe und Geborgenheit, zudem besaßen die Lemurianer fantastisches Wissen über alle natürlichen und übernatürlichen Dinge, Ereignisse und Vorgänge. Sie kommunizierten über Symbole, die sie in Kristallen speicherten, wodurch sie deren Kraft optimal für sich nutzen konnten. Die Bewohner Lemurias gründeten ein Tochterreich, dem sie viele Aufgaben für diese Erde übertrugen – dies war Atlantis. Es wird vermutet, dass Lemuria heute in einer höheren Dimension über Hawaii verweilt.

Dieses Grid darf dich dabei unterstützen, das Portal zu öffnen, mit der Energie Lemurias in Kontakt zu treten und diese in dir zu erwecken sowie alte Wunden zu heilen. Darüber hinaus kannst du mit diesem Grid in deine Schöpferkraft und ins Wachstum kommen. Es darf dich für das Wissen Lemurias öffnen, durch das du auf den Pfaden deiner spirituellen Ahnen wandeln kannst. Falls dies alles nicht für dich infrage kommt, dann spüre in dich hinein, ob dich die Magie der Spirale und des Dreiecks ruft, die wir im Kapitel »Die Magie der heiligen geometrischen Formen« (S. 54) für dich kurz erläutert haben.

Ritual:

Aufbau des Grids:

Vorlage: Spirale mit Dreieck (S. 203)

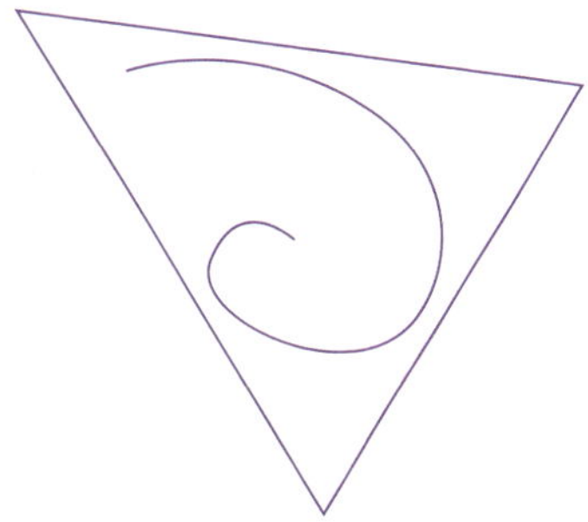

- Beginne damit, deine Kristalle zu reinigen. Kläre mithilfe eines Räucherstoffes deinen Ritualplatz, und lege die Vorlage »Spirale mit Dreieck« zurecht (Solltest du diese nicht zur Hand haben, lege die Steine einfach wie nachfolgend beschrieben aus).

- Breite die Kristalle vor dir aus, schließe deine Augen, und atme einige Male tief ein und aus, bis du in einen Zustand von innerer Ruhe und Klarheit gelangst. Dann sprich entweder ein Gebet (S. 67), oder bitte deine Höhere Führung um Schutz und Fokus.

- Nun halte den Fluorit in deinen Händen, und sprich, falls du möchtest, eine kurze Intention in den Kristall, z. B. *»Ich bitte um die Verbindung zu Lemuria, möge sich der Nebel in mir lichten.«*

- Platziere diesen Stein in der Mitte, und beginne von hier aus, die Spirale zu legen.

- Platziere dafür erst die elf Friedensachate von innen nach außen in Form der Spirale.

- Nun lege die drei Nephrit-Jaden an die drei Ecken des Dreiecks.

- Platziere dann sechs Bergkristalle als Rahmen um das Dreieck.

- Nimm nun den Aktivierungskristall zur Hand, und verbinde alle Kristalle (energetisch) miteinander.

Crystal Grid: ATLANTIS

Atlantis war ein Inselreich, das versunken ist, und das Tochterreich Lemurias. In der Hochkultur von Atlantis lebten die Menschen im Einklang mit sich, der Natur und der Schöpfung. Die Bewohner waren fünfdimensionale, erleuchtete Wesen, zudem waren Spiritualität und Technologie gleichermaßen ausgeprägt. Die medialen Fähigkeiten der Atlanter waren so fortschrittlich, dass wir deren Ausmaß nur erahnen können. Die Zeit von Atlantis gilt als eine paradiesische Zeit mit Städten und Tempeln aus großen Kristallpyramiden, aber auch mit unfassbar schönen Gärten. Die Priesterinnen und Priester sollen so machtvoll gewesen sein, dass sie im größten Tempel sogar die Schwerkraft außer Kraft gesetzt haben. Sie nutzten Kristalle für sich und als Energiequelle. Es war eine Zeit des Wissens, aber auch der Forschung, denn die Bewohner von Atlantis experimentierten viel. In einem dieser Experimente erschufen sie ein großes Energiefeld, das letztlich zum Untergang von Atlantis führte. Atlantis verweilt bis heute in einer anderen Dimension, man vermutet es in der Region der Bahamas auf unserer Erde.

Das Atlantis-Grid darf dich dabei unterstützen, das Tor zu öffnen, mit der Energie von Atlantis in Kontakt zu treten und diese in dir zu erwecken sowie alte Wunden zu heilen. Zudem kannst du mit diesem Grid deine Transformation und deine spirituellen Fähigkeiten unterstützen. Das Wissen von Atlantis darf sich dir öffnen. Aber es darf auch ein Tor sein, durch das du auf den Pfaden deiner spirituellen Ahnen wandeln kannst. Falls dies alles nicht für dich infrage kommt, dann spüre in dich hinein, ob dich die Magie von Metatrons Würfel ruft, die wir im Kapitel »Die Magie der heiligen geometrischen Formen« (S. 54) für dich kurz erläutert haben.

Aufbau des Grids:

Vorlage: Metatrons Würfel (S. 197)

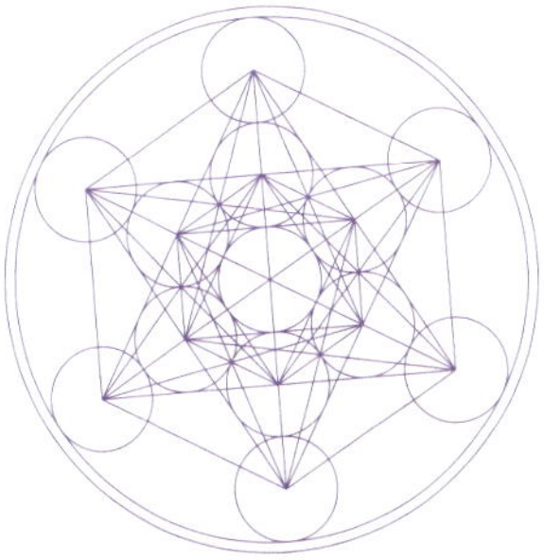

Ritual:

Was du dazu brauchst:

- **1 große Rosenquarzpyramide**
  (Sensibilität, mindert Ängste, herzöffnend, Verbundenheit, Harmonie, Liebe, müheloses Loslassen, heilend auf Herzebene)
- **6 kleine Bergkristallpyramiden**
  (Klarheit, Blockadenlöser, Steigerung der Selbstwahrnehmung, verstärken Energien)
- **6 kleine Rosenquarzpyramiden**
- **12 kleine Chalcedone**
  (innere Ruhe, Selbstvertrauen, Durchsetzungsvermögen, gute Träume)
- **6 Cyanitspitzen (Disthen)**
  (stärkt die eigene Identität, gesunder Menschenverstand, Selbsterkenntnis)
- **1 Bund Salbei, Palo Santo oder Weihrauch**
- **1 Aktivierungskristall**

- Beginne damit, deine Kristalle zu reinigen. Kläre mithilfe eines Räucherstoffes deinen Ritualplatz, und lege die Vorlage »Metatrons Würfel« zurecht (Solltest du diese nicht zur Hand haben, lege die Steine einfach wie nachfolgend beschrieben aus).

- Breite die Kristalle vor dir aus, schließe deine Augen, und atme einige Male tief ein und aus, bis du in einen Zustand von innerer Ruhe und Klarheit gelangst. Dann sprich entweder ein Gebet (S. 67), oder bitte deine Höhere Führung um Schutz und Fokus.

- Nun halte die große Rosenquarzpyramide in deinen Händen, und sprich, falls du möchtest, eine kurze Intention in den Kristall, z. B.: *»Ich bitte um die Verbindung zu Atlantis, möge sich der Nebel in mir lichten.«* Platziere diesen Stein dann in der Mitte.

- Lege nun die sechs Bergkristallpyramiden in die Kreise des inneren Zirkels des Würfels und die sechs Rosenquarzpyramiden in die Kreise des äußeren Zirkels.

- Verbinde diese und den Rosenquarz in der Mitte nun mit den zwölf Chalcedonen, und platziere die sechs Cyanitspitzen in den jeweiligen Lücken zwischen den Rosenquarzpyramiden.

- Nimm nun den Aktivierungskristall zur Hand, und verbinde alle Kristalle (energetisch) miteinander.

Crystal Grid: GIZEH

In diesem Grid zeigt sich der Weg des Sonnenkultes durch die Einweihungspyramiden von Gizeh, die zugleich als mächtiges Portal für uraltes Wissen und tiefe Weisheit dienen. Darüber hinaus sind die Pyramiden Sinnbild und Weckruf einer neuen Ära. Ihr Geheimnis und ihre Kräfte zu entschlüsseln, bringt uns Heilung.

Im Inneren der Pyramiden führen Pfade in verschiedene Welten und Dimensionen. Mithilfe dieses Grids wirst du eine Weisheit aktivieren können, die sich in deinem Selbst verankert und sich nach und nach entfalten darf. Unter oder neben deinem Bett wirkt es besonders kraftvoll.

Was du dazu brauchst:

- 1 Türkis als Fokuskristall (Zugang zu altem Wissen)
- 7 Bergkristallspitzen (zur Aktivierung)
- 9 Aqua-Aura oder Kristalle deiner Wahl
- 3 stehende Bergkristallspitzen (als Energieportale)
- etwas Sandelholzöl (altes biblisches Öl für Weisheit und Licht)
- 1 Bund Salbei, Palo Santo oder Weihrauch
- 1 Aktivierungskristall

Dieses Crystal Grid trägt zudem einen Farbcode in Türkis. Jener Farbe, die von innerem Wissen, einem weiten Herzen und Verbundenheit getragen ist und in die neue Zeit zu führen vermag.

Ritual:

- Beginne damit, deine Kristalle zu reinigen. Kläre mithilfe eines Räucherstoffes den Ort, an dem du dein Crystal Grid errichten möchtest.

- Breite die Kristalle vor dir aus, schließe deine Augen, und atme einige Male tief ein und aus, bis du in einen Zustand von innerer Ruhe und Klarheit gelangst. Dann sprich entweder ein Gebet (S. 67), oder bitte deine Höhere Führung um Schutz und Fokus.

- Nimm nun den Türkis in die Hand. Lege dich möglichst auf den Rücken, und platziere ihn zwischen Herz- und Halschakra (dem Sitz der Farbe Türkis). Atme in den Kristall hinein, öffne dein Herz, und werde innerlich ganz weich. Bitte darum, dass der Türkis dich in uralte und zugleich völlig neue Weisheitslehren einweihen möge. Lasse dir Zeit zum Fühlen.

- Lege das Grid nun, wie auf dem Bild gezeigt, aus. Versuche dabei, dich gedanklich zu befreien. Lasse jegliche Gedanken ziehen.

- Lege den Türkis in die Mitte, und richte die sieben Bergkristallspitzen strahlenförmig um ihn herum aus.

- Platziere die Aqua-Aura bzw. Kristalle deiner Wahl als zu einer Seite offenen Kreis um die Strahlen, so, wie auf dem Bild gezeigt.

- Reibe zum Schluss die drei stehenden Bergkristallspitzen ein wenig mit Sandelholz ein, und vollende mit ihnen den Kreis.

- Aktiviere das Grid, indem du mit dem Aktivierungskristall alle Kristalle miteinander verbindest.

Crystal Grid: MEDIALE KRÄFTE

von Imke Kattau

Was du dazu brauchst:

- **1 großen Lemurienquarz** (um die lemurische Herzenergie einzuladen; alternativ wären auch mehrere kleine möglich, die du zu einem Stern anordnest)
- **1 großen und 6 kleine Herkimer Diamanten** (Bündelung von Lichtenergie, Fokus und spirituelle Entwicklung)
- **1 Rubin** (Aktivierung der eigenen inneren Kräfte und des inneren Feuers, vom Geistigen in die Materie)
- **3 mittelgroße Bergkristalle** (Klarheit, Fokus, senden und empfangen)
- **1 Coelestindruse** (Verbindung in die höheren Reiche, speziell zu Engeln und Erzengeln, göttliche Führung)
- **12 Bergkristallspitzen**
- **24 kleinere Fluoritoktaeder** (erleichtern den Zugang/Übergang in höhere Bewusstseinszustände und damit unsere Verbindung zur Quellenergie, indem sie für mentale Klarheit sorgen und unsere Chakras harmonisieren)
- **1 Bund Salbei, Palo Santo oder Weihrauch**

Dieses Grid verbindet uns mit den Energien des alten Lemurias. Lemurische Energie wiederum verbindet uns mit unserem Herzen, sie (re-)aktiviert unsere medialen Fähigkeiten im Bereich Telepathie und der Sprache unseres Herzens. In diesem Crystal Grid habe ich zusätzlich Herkimer Diamanten verwendet, den reinsten, klarsten und kraftvollsten Kristall, der uns mit der höchsten Lichtenergie verbindet und unsere spirituelle Entwicklung unterstützt. Herkimer Diamant bündelt unsere Energie und lässt sie uns klar fokussieren, daher eignet er sich besonders für die Unterstützung unserer spirituellen Praxis. Dieses Grid kann dich dabei unterstützen, mehr Kontakt mit deinem Herzen und deinen Herzenswünschen aufzunehmen und diese kraft- und liebevoll auszudrücken.

Der Rubin integriert dein inneres Feuer und unterstützt dich dabei, diese Frequenzen in die dreidimensionale Welt zu holen und dort zu leben. Er verbindet dich mit Lemuria, sodass du eintauchen kannst in die Informationen dieser Epoche, der Zeit vor Atlantis, und vielleicht dabei helfen kannst, diese wertvollen Informationen in die heutige Zeit zu integrieren.

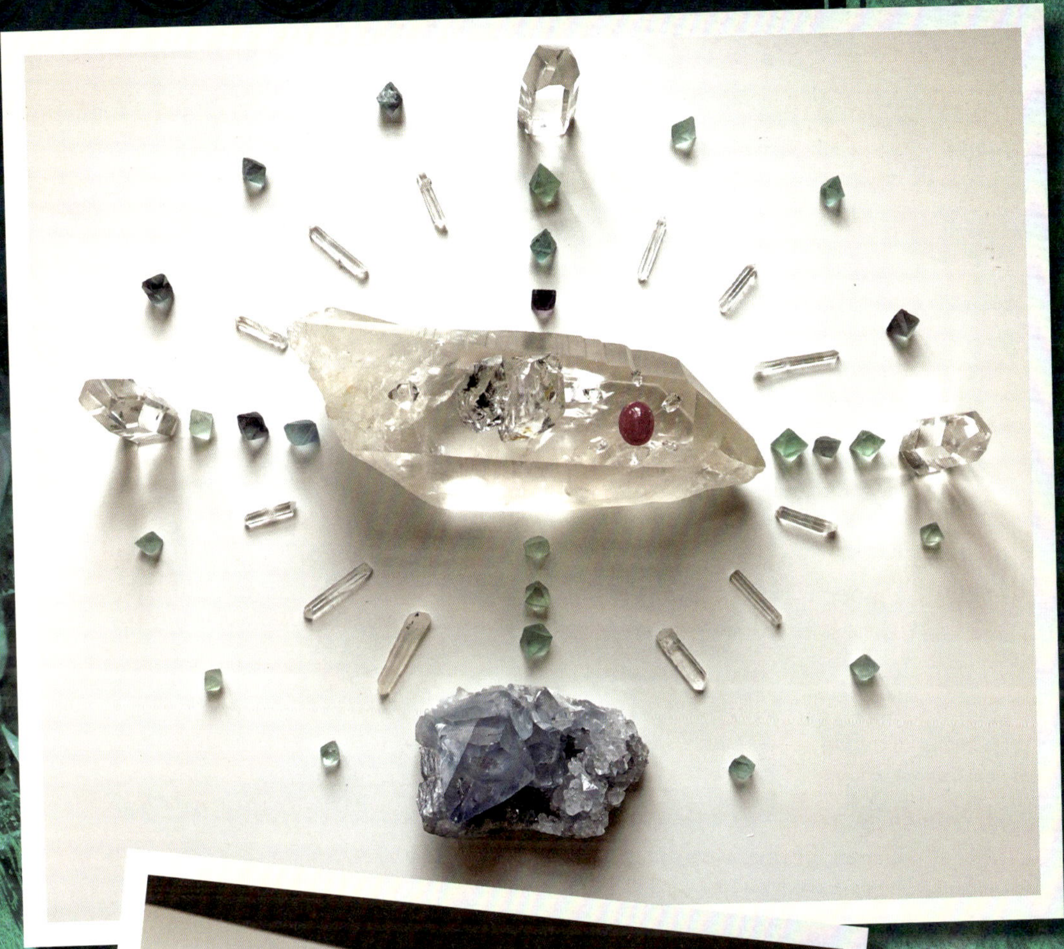

Ritual:

- Kläre und reinige deine Kristalle sowie den Ort, an dem du dein Crystal Grid errichten möchtest, mit dem Räucherstoff deiner Wahl.

- Lege deine Kristalle vor dir aus, und nimm dir einen Moment Zeit, dich auf deinen Atem zu fokussieren. Nimm ein paar tiefe Atemzüge, und komme mit deiner Aufmerksamkeit ganz im Hier und Jetzt und in deiner Mitte an. Dann sprich entweder ein Gebet (S. 67), oder setze die Intention, dass all das, was du tust, zum höchsten Wohle aller geschehen möge.

- Nun beginne mit dem zentralen (Herz-)Stück dieses Grids, dem Lemurienquarz. Platziere ihn in der Mitte deines Grids. Hast du mehrere Lemurienquarze, lege mit ihnen ein Muster in die Mitte. Ich würde dir ein Sternmuster empfehlen, damit die Energie sich strahlenförmig im Raum verteilen kann.

- Richte dich auf das höchste Wohl aller, dich eingeschlossen, aus, und platziere den größeren Herkimer Diamanten in der Mitte des Lemurienkristalls/der Lemurienkristalle. Rechts daneben platziere den Rubin, damit die Aktivierung des Feuers und der Manifestation über die rechte Seite, das Tun und die Aktion, in dein Leben fließen kann. Balanciere die Energie, und lege einen kleineren Herkimer Diamanten links neben den großen.

- Die restlichen Herkimer Diamanten kannst du sternförmig um den Rubin (Erhöhung der Manifestationsenergie) oder den kleineren Herkimer Diamanten auslegen (Erhöhung der spirituellen Energie und Klarheit).

- Nun lade die Geistige Welt ein, dir klare Nachrichten und Impulse zu übermitteln, und setze die drei Bergkristalle und den Coelestin so, wie auf dem Bild gezeigt.

- Beginnend in der Mitte, lege nun die Fluorite, jeweils drei Stück, als harmonisierendes Bindeglied aus der Mitte zu den Bergkristallen und dem Coelestin. Danach verbinde alle äußeren Steine miteinander, indem du die restlichen Fluorite auslegst, beginnend am obersten Bergkristall im Uhrzeigersinn. Fokussiere dich dabei auf Ausgleich, Harmonie und Integration des sich zeigenden Wissens.

- Damit die lemurische Energie sich im Raum verteilen kann, lege die Bergkristallspitzen ausgehend vom Lemurienquarz strahlenförmig zu den Fluoriten.

- Nimm einen tiefen Atemzug, und fühle dich in dein Grid ein. Möchtest du noch etwas verändern oder anpassen? Folge hier ganz deiner Intuition, und nimm Änderungen vor, bis es sich für dich stimmig und richtig anfühlt.

- Schließe deine Augen, führe deine Hände vor dem Herzen im Anjali-Mudra zusammen (die Handinnenseiten berühren sich), und atme tief in deinen Herzraum hinein.

- Genieße die Schwingungen des Crystal Grids, und lasse es so lange liegen, wie es sich für dich stimmig anfühlt. Du kannst auch gern vor dem Grid meditieren und in die lemurische Energie eintauchen oder dich in deinen Träumen für Impulse und Eingebungen öffnen.

ZEITQUALITÄTEN

Die Zeitqualitäten spielen eine wichtige Rolle bei der Manifestation unserer Herzenswünsche. Wenn wir diese Zeittore nutzen, empfangen wir viel positive Energie, um unsere Ziele voranzubringen. Gleichzeitig wirken die folgenden Grids besänftigend bzw. begünstigend auf die jeweilige Qualität.

Crystal Grid: VOLLMOND

Was du dazu brauchst:

- 1 Selenitberg
(Selenit ist der Kristall der Mondgöttin Selene, fördert Klarheit und Fokus und bringt Wachheit)
- 3 große oder 6 kleine Labradorite
(bringen uns in Kontakt mit uns selbst, dem Universum und den himmlischen Mächten)
- 6 kleine Mondsteine
(um die Intuition zu fördern, das Licht im Inneren zu erwecken und die Verbindung zu den Mondkräften zu verstärken)
- 6 Bergkristalle/Bergkristallspitzen
(um den Energiefluss der Kristalle anzuregen)
- 6 kleine Bergkristallspitzen
(Verbindung von Oben und Unten)
- weiße Blüten
(um die klare Vision ins Erdreich/die Materie zu holen)
- 1 Bund Salbei, Palo Santo oder Weihrauch
- 1 Aktivierungskristall

Der Vollmond ist eine Zeit, in der wir uns unseres Selbst bewusst werden können. Diese Energie hilft uns, loszulassen und Dinge zu beenden. Auch hilft der Vollmond, unsere eigene Schwingung zu erhöhen und etwas mit Power und Fokus zu erfüllen. Dieses Grid eignet sich dazu, die Seele und den Geist zu reinigen, indem du ihm deine Sorgen und Nöte zur Heilung übergibst.

HINWEIS:
Wenn du gezielt etwas hinter dir lassen willst, empfehlen wir dir an Vollmond das Cutting-Ritual auf S. 119.

Aufbau des Grids:

Vorlage: Metatrons Würfel (S. 197)

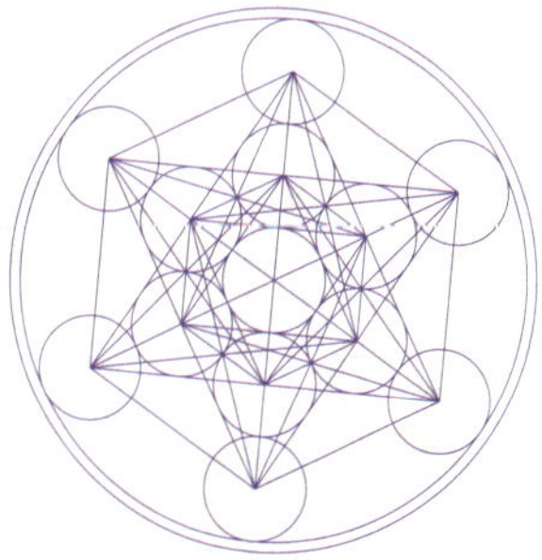

Ritual:

- Kreiere eine sanfte und angenehme Atmosphäre. Atme mehrmals tief ein und aus, und verbinde dich mit deinem Höheren Selbst.

- Beginne damit, deine Kristalle zu reinigen. Kläre mithilfe eines Räucherstoffes deinen Ritualplatz, und lege die Vorlage »Metatrons Würfel« zurecht (Solltest du diese nicht zur Hand haben, lege die Steine einfach wie nachfolgend beschrieben aus).

- Breite die Kristalle vor dir aus, schließe deine Augen, und atme einige Male tief ein und aus, bis du in einen Zustand von innerer Ruhe und Klarheit gelangst. Dann sprich entweder ein Gebet (S. 67), oder bitte deine Höhere Führung um Schutz und Fokus.

- Bevor du den Selenitberg aufstellst, nimm ihn in beide Hände, und atme dich durch seine Energie hindurch, sodass du ganz in Verbindung mit diesem Kristall kommst. Gehe in einen Dialog mit ihm, sprich aus, was dir auf dem Herzen liegt. Bitte darum, dass etwas aus deinem Energiefeld genommen, gereinigt, geklärt oder ersetzt wird. Erzähle von deinen Ängsten und Nöten. Wichtig ist: Sei gegenwärtig, klar und entspannt – Selenitberge speichern alle Energie und wandeln sie um – daher ist der (einfache) Dialog die beste Möglichkeit, diesen Kristall zu »füttern«.

- Lege die Labradorite in einem Dreieck um den Selenitberg.

- Lege auf die äußeren Kreise der Vorlage die Mondsteine.

- Dazwischen lege die Bergkristalle, und stelle dir vor, wie ein mächtiger Energiestrudel zu pulsieren beginnt. Ergänze oben und unten je drei kleine Bergkristallspitzen und die Blüten wie auf dem Bild.

- Nimm nun den Aktivierungskristall zur Hand, und verbinde alle Kristalle (energetisch) miteinander.

- Lasse diese Sorge oder das, was du loslassen willst, hinter dir, und versuche, es dir nicht länger ins Gedächtnis zu rufen. Lasse das Grid von einem bis zum folgenden Vollmond wirken.

Crystal Grid: NEUMOND

Der Neumond ist die ideale Zeit, um Wünsche, Sehnsüchte und Intentionen zu manifestieren. Wir setzen einen Samen, der, wenn wir ihn mit großer Aufmerksamkeit füttern, wahre Wunder und Fortschritte ermöglicht.

Ritual:

- Kreiere eine sanfte und angenehme Atmosphäre. Atme mehrmals tief ein und aus, und verbinde dich mit deinem Höheren Selbst.
- Breite die Kristalle vor dir aus, schließe deine Augen, und atme einige Male tief ein und aus, bis du in einen Zustand von innerer Ruhe und Klarheit gelangst. Dann sprich entweder ein Gebet (S. 67), oder bitte deine Höhere Führung um Schutz und Fokus.
- Notiere dir sechs Wünsche an das Universum (auch Wünsche an die Große Göttin, an Gott, die Engel oder das, woran du glaubst, sind möglich). Schreibe den Wunsch als Dank und so, als wäre er bereits erfüllt, z. B. »*Liebes Universum, ich danke dir, dass du mir die neue Stelle als ReferentIn geschickt hast …*«.
- Beginne damit, deine Kristalle zu reinigen. Kläre mithilfe eines Räucherstoffes deinen Ritualplatz, und lege die Vorlage »Same des Lebens« zurecht (Solltest du diese nicht zur Hand haben, lege die Steine einfach wie nachfolgend beschrieben aus).
- Lege den Zettel mit deinen Wünschen unter die Vorlage, und beginne, die Kristalle auszulegen, indem du den Mondstein in der Mitte platzierst.
- Nun lege die zwölf Quarze/Bergkristalle darum. Als Nächstes platziere darum die Rosenquarze, dann die Ametrine und anschließend die kleinen Bergkristalle. Lege nun um das Grid die sechs Federn, die jeweils einen Wunsch repräsentieren und diesen durch das Element Luft in die Welt und das Universum streuen.
- Aktivere das Grid von innen nach außen mit dem Aktivierungskristall.

Aufbau des Grids:

Vorlage: Same des Lebens (S. 189)

Was du dazu brauchst:

- 1 Zettel und 1 Stift
- 1 Mondstein
- 12 Quarze/Bergkristallspitzen (um die Energie zu fokussieren)
- 12 kleine Rosenquarze (um Liebe und Frieden in die Wünsche zu ziehen)
- 2 Ametrine (Gelassenheit, Entwicklung und Flow)
- 12 kleine Bergkristalle (zur Manifestation)
- optional: 6 Federn
- 1 Bund Salbei, Palo Santo oder Weihrauch
- 1 Aktivierungskristall

Meditation: Neumond-Kristall-Aktivierung

von Anna Theresa Hoch

Diese kleine Übung bzw. Meditation eignet sich hervorragend, um an Neumond einen deiner Kristalle zu aktivieren und mit Licht aufzuladen.

Atme tief ein und aus. Mit jedem Atemzug atmest du all deine Energie zu dir zurück, die zu dir gehört und die du jemals an irgendetwas oder irgendjemanden abgegeben hast. Das geschieht jetzt ganz leicht und in vollkommenem Flow. Deine Energie fließt gereinigt und gesegnet zu dir zurück. Jetzt.

Mit jeder Ausatmung lässt du jegliche Fremdenergie, die du jemals aufgenommen hast, in Leichtigkeit, gesegnet und gereinigt zu ihrem Ursprungsort zurückfließen. Es geschieht jetzt ganz von selbst mit jedem deiner Atemzüge.

Spüre deine Verbindung zu Mutter Erde, Gaia, über deine Fußsohlen und dein Basiszentrum am Ende deiner Wirbelsäule. Beim Einatmen strömt jetzt Gaias Liebe in dich herein, ihre nährende, liebevolle Energie. Lasse sie von unten in deinen Körper und in dein Herz einströmen. Ihre Liebe wird dort durch deine eigene verstärkt, und beim Ausatmen lässt du sie hinaus in die Welt fließen. Spüre nun deine Verbindung zum Kosmos, zur Quelle allen Seins. Über dein Kronenchakra an deinem Scheitel fließt mit deiner Einatmung goldenes göttliches Licht in dich herein und verteilt sich in deinem ganzen Körper. Atme es bewusst in dein Herz hinein, wo es sich wieder mit deiner Liebe verbindet und beim Ausatmen in die Welt strömt.

Und nun nimmst du beim Einatmen gleichzeitig die Liebe Gaias und die Liebe des Himmels in dich auf. Spüre, wie die Energie vom Erdmittelpunkt in dich herein- und gleichzeitig von der Quelle allen Seins in deinen Kopf fließt. Sie bündelt sich in deinem Herzen – dort verbindest du Himmel und Erde –, und strömt aus deinem Herzen hinaus in dein Umfeld.

Nimm nun den Edelstein, den du aufladen möchtest, zur Hand. Spüre deinen Edelstein in deinen Händen, und dann nimm vor deinem inneren Auge den Mond wahr. Er sendet dir einen leuchtend hellen Strahl direkt in den Stein in deinen Händen. Spüre oder sieh, wie er ihn von allen alten, nun nicht mehr dienlichen Energien reinigt. Dein Stein funkelt und strahlt nun stärker als je zuvor. Er folgt damit seiner Bestimmung.

Du fühlst dein Herz. Dort sitzen all deine Wünsche und Sehnsüchte. Spüre, wie reich und gesegnet dein Herz ist. Lasse jetzt einen Lichtstrahl in deinem Herzen entstehen. Über diesen Strahl fließen mit deiner bewussten Intention all deine Herzenswünsche in den Stein in deinen Händen. Lasse es einfach fließen – vielleicht werden dir dabei einige deiner Sehnsüchte und Wünsche bewusst, vielleicht auch nicht. Sei dir sicher, dass es einfach geschieht – auf für dich optimale Weise. Alles ist gut.

Und dann nimm wahr, wie der Mond dir erneut einen Lichtstrahl sendet. Er aktiviert all deine Herzenswünsche in dir, in deinem Leben und in deinem Stein, den du in deinen Händen hältst, der dir nun als Speicher dient und dich, wann immer es nötig ist, an deine Herzenswünsche und deine tiefe Sehnsucht erinnert, die Erfüllung finden dürfen. Jetzt.

Bedanke dich bei deinem Stein, dem Mond und all deinen Freunden und Helfern aus der Geistigen Welt, die dir zur Seite standen und auch weiterhin stehen. Sie freuen sich, dich bei der Verwirklichung deiner Herzenswünsche zu begleiten. Vertraue, und wisse: Dein Weg ist gesegnet.

Crystal Grid: MERCURY RETROGRADE

Wenn der Merkur rückläufig ist, was in einem dreiwöchigen Zeitfenster geschieht, dann haben viele von uns oft Probleme damit, sich zu konzentrieren, sind vergesslich, und es kommt zu Schwierigkeit in der Kommunikation. Dies kann sehr belastend sein. Ein Grid mit ausgewählten Kristallen ist eine schöne Möglichkeit, diese gegenteiligen Kräfte auszugleichen.

Ritual:

- Beginne damit, deine Kristalle zu reinigen. Kläre mithilfe eines Räucherstoffes deinen Ritualplatz.
- Breite die Kristalle vor dir aus, schließe deine Augen, und atme einige Male tief ein und aus, bis du in einen Zustand von innerer Ruhe und Klarheit gelangst. Dann sprich entweder ein Gebet (S. 67), oder bitte deine Höhere Führung um Schutz und Fokus.
- Lege den Amazonit in die Mitte, die beiden Armbänder übereinander ebenfalls in die Mitte.
- Ordne nun die vier schwarzen Turmaline in einem Quadrat (Erdung) an.
- Lege die vier Fluorite oben und unten neben die Turmaline und jeweils drei Labradorite an die Seiten des Grids.
- Aktivere das Grid von innen nach außen mit dem Aktivierungskristall.
- Trage von nun an während der Zeit des rückläufigen Merkur eines der Armbänder. Wechsle möglichst jeden Morgen das Band. Lege dafür das getragene Armband am Abend in das Grid, und ziehe am nächsten Morgen das zweite an. Dies hilft dir, dich mit der Schwingung von Klarheit, klarer Kommunikation und Ruhe aufzufüllen.

Was du dazu brauchst:

- 1 Amazonit
  (für eine klare Kommunikation, weniger Stress und Klarheit)
- 2 Hämatit-Armbänder
- 4 schwarze Turmaline
  (als mächtige Kristalle zur Erdung, zum Schutz und zur Besänftigung von Chaos und Unordnung)
- 4 Fluorite
- 6 Labradorite
  (das Universum spüren, Weisheit, Unendlichkeit)
- 1 Bund Salbei, Palo Santo oder Weihrauch
- 1 Aktivierungskristall

Crystal Grid: RAUHNÄCHTE

Die Rauhnächte sind eine Zeit, in der wir uns zwischen den Welten befinden. In dieser Zeit sind wir eingeladen, zu orakeln oder auch zu räuchern, um Einblick in das neue Jahr zu erhalten und uns auf uns selbst zu besinnen. Wir können aber ebendies auch unterstützen, indem wir ein Grid legen. Die zwölf Rauhnächte sind Losnächte, in denen wir Visionen, Wünsche und Träume für die zwölf Monate des kommenden Jahres aussenden und einen mühelosen Kontakt zur Lichtwelt, Anderswelt und zu anderen Dimensionen herstellen können. Unsere Ahnen reichen uns die Hände, damit wir Altes auflösen oder auch einen tiefen Kontakt zu verborgenem Wissen knüpfen können. Diesen zwölf Nächten und dreizehn Tagen wohnt eine Mystik inne, die über Raum und Zeit hinweg Bestand hat. Die Wintersonnenwende kündigt den Wandel an, denn die dunkelste Zeit liegt jetzt hinter uns. Das Licht wird wiedergeboren im Schoß der Großen Göttin und schenkt uns neue Hoffnung auf Helligkeit, Freude und Entzückung. Die Rauhnächte sind eine Zeit, in der die Übergänge zwischen allen Welten und die Grenzen des Verstandes verschwimmen. Dieses Grid kann dich in den Rauhnächten unterstützen, deine Visionen und Träume für diese Zeit klarer zu formulieren und schwere Energien aufzulösen.

Was du dazu brauchst:

- **1 großen Rauchquarz**
  (schenkt Lebenskraft, löst Schatten, wirft Licht auf den Lebensweg, löst innere Blockaden und schwere Energie auf)
- **8 Obsidianpfeilspitzen**
  (Lösen von Traumata, Ängsten und Blockaden, Vergangenheit mühelos loslassen, Förderung der Visionskraft)
- **8 Bergkristallspitzen**
  (Klarheit, Blockadenlöser, Steigerung der Selbstwahrnehmung, Energien verstärken)
- **4 Bröckchen Weihrauch**
- **1 Bund Salbei, Palo Santo oder Weihrauch**
- **1 Aktivierungskristall**

Dieses Grid kannst du über alle Rauhnächte hinweg liegen lassen.

Ritual:

Aufbau des Grids:
Vorlage: Kreuz mit Kreis (S. 205)

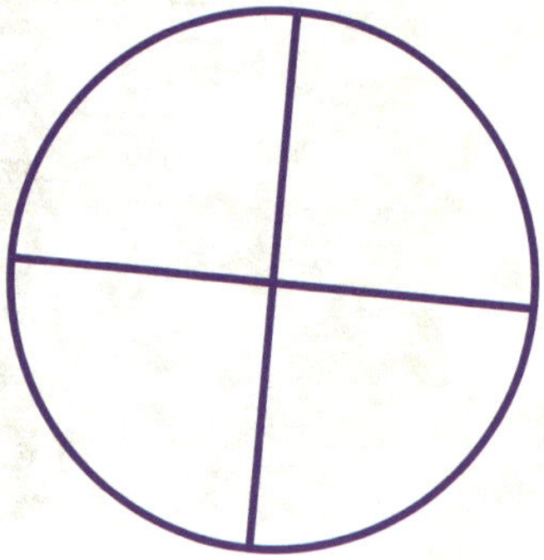

- Beginne damit, deine Kristalle zu reinigen. Kläre mithilfe eines Räucherstoffes deinen Ritualplatz, und lege die Vorlage »Kreuz mit Kreis« zurecht (Solltest du diese nicht zur Hand haben, lege die Steine einfach wie nachfolgend beschrieben aus).

- Breite die Kristalle vor dir aus, schließe deine Augen, und atme einige Male tief ein und aus, bis du in einen Zustand von innerer Ruhe und Klarheit gelangst. Dann sprich entweder ein Gebet (S. 67), oder bitte deine Höhere Führung um Schutz und Fokus.

- Nimm den Rauchquarz für deine Mitte in die Hände, und sprich, falls du möchtest, eine kurze Intention in den Kristall, z. B. »*Ich bitte dich, mich in den Rauhnächten zu unterstützen.*«

- Platziere den Rauchquarz in der Mitte des Grids.

- Lege nun die Pfeilspitzen auf die vier Linien des Kreuzes, die ersten vier zeigen vom Rauchkristall weg und die weiteren vier zeigen zum Kristall hin.

- Lege den Weihrauch zwischen die Pfeilspitzen, als würden die Pfeile auf ihn zeigen.

- Nun platziere die Bergkristalle auf dem Kreis, und schließe diesen.

- Nimm den Aktivierungskristall zur Hand, und verbinde alle Kristalle (energetisch) miteinander.

Meditation: Das Kristallreich

Diese Reise hilft dir dabei, dich durch die Kristallkraft tief zu erden und dich von ihr durchlichten zu lassen. Du wirst dich nach dieser Reise sicher, entspannt sowie geerdet und verbunden fühlen.

HINWEIS:
Du kannst diese Meditation, nachdem du sie das erste Mal durchgeführt hast, jederzeit in der kurzen Version (täglich oder wöchentlich) wiederholen.

Setze dich an einen Ort, an dem du dich entspannen kannst.

Lege die Kristalle um dich herum aus, einen Quarz bzw. Bergkristall vor dich, den Rosenquarz links von dir, den Rauchquarz rechts von dir und den zweiten Quarz bzw. Bergkristall hinter dich. Atme tief ein und aus, sodass du bereits jetzt einem dir angenehmen Atemrhythmus folgen kannst.

Was du dazu brauchst:

- **2 Quarze/Bergkristalle** (vorne: Klarsicht/hinten: Vergangenes bereinigen; Klarheit, Licht, Energie)
- **1 Rosenquarz** (links: emotionale Seite; Liebe, Resonanz, Zartheit)
- **1 Rauchquarz** (rechts: aktive Seite; Innenwelt, Ruhe, Erdung)
- **2 möglichst runde Bergkristalle**

Nimm einen runden Bergkristall in jede Hand, und lege deine Hände mit dem Handrücken bequem auf deinen Oberschenkeln ab.
Lasse dich durch deine sanften und tiefen Atemzüge ganz in deine Innenwelt führen. Und spüre, wie die Energiezentren deiner Handflächen sich öffnen und die Kraft der Kristalle aufnehmen. Nimm wahr, wie die kristallinen Kräfte über deine Hände

in deine energetischen Körper fließen. Die kristalline Energie gelangt direkt in dein Herzzentrum und schüttet sich dort großzügig aus.

Das Zentrum deines Herzens weitet sich, wird durchlichtet, geklärt und energetisiert. Lasse zu, dass sich dieses Zentrum nun in alle Richtungen öffnet. Während du mit deiner Aufmerksamkeit weiter beim energetischen Fluss der Kristalle bleibst, öffnet, weitet, strahlt und lichtet sich dein Herz immer mehr.

Lasse die energetisierende Kraft, die sich durch die Kristalle und durch dein Herz aufbaut, nun in deinen gesamten Körper, deine Zellen sowie deine Chakras und Energiezentren fließen. Du musst nicht genau wissen, welche Bereiche, Energiezentren und Kanäle berührt werden – lasse einfach zu, dass alles durchlichtet und energetisiert wird. Jetzt.

Bitte darum, dass alle Schatten, hindernden Prägungen sowie Muster abgelegt und durch das Licht neutralisiert werden.

Verweile für einige Atemzüge.

Nachdem du spürst, dass dein gesamter Körper energetisch durchlichtet, dein Geist freier und dein Körper weich ist, erlaube dir, dein Energiefeld nun noch weiter auszudehnen und die Kristalle zu berühren, die um dich herum liegen.

Nimm wahr, wie die Kristalle nun beginnen, sich durch deine Energie zu verbinden. Dieses Verbinden geschieht über feine Linien, die sich miteinander verknüpfen – bis hin zu einer Pyramide, die sich aus den vier Ecken heraus aufbaut. Sie stabilisiert sich, entfaltet eine enorm hoch schwingende Kraft. Spüre, atme, und nimm wahr …

Diese Pyramide stabilisiert deine Mitte, indem sie sie mit der göttlichen Matrix verbindet. Sie stärkt deine Basis, um dich mit der Erde, der Materie und dem Leben auf eine vollkommene, ursprüngliche Resonanz auszurichten. Die Pyramide stabilisiert deine Krone, richtet auf, schafft Verbindung zum Ursprung, zu Gott, zum Universum.

Atme vollständig ein. Atme vollständig aus.

Spüre, wie du verbunden und eingebunden bist in die Weite allen Seins. Spüre, wie sich dein energetisiertes, stabilisiertes und ausgerichtetes Energiefeld und dein Körper nun anfühlen.

Verweile, solange es dir angenehm ist, und kehre immer wieder zu deinem Atem zurück, um dich zu spüren.

Komme immer mehr zurück in deinen Körper, und spüre deine Atemzüge, die in deinen Körper ein- und ausfließen.

Stelle dir vor, wie die Pyramide nun beginnt, sich nach allen Seiten zu öffnen, sodass das Portal um dich herum sich auflöst. Bitte darum, dass die Linien und alle Verbindungen sich lösen und sich die Energie immer mehr reguliert.

Atme sanft und tief weiter.

Spüre, wie sich alle überschüssige Energie durch das Portal in die Kristalle zurückzieht und du nach und nach in deinen Körper und Alltag zurückkehren kannst.

Und so bist du vollständig hier. Vollständig im Jetzt. Vollständig.

Kurzversion:

Um die Kurzversion dieser Reise durchzuführen, lege die Kristalle wie oben beschrieben um dich herum, und nimm einen Bergkristall in jede Hand.
Da sich dein Zellgedächtnis an die oben beschriebene Reise erinnert, das Licht, die Kraft und die Energie gespeichert hat, kannst du nun für einige Minuten ein Bad in Licht, Erdung und Energie nehmen.
Wir empfehlen dir, die Kristalle an deinem Meditationsplatz aufzubewahren. Je öfter du diese Meditation durchführst, desto tiefer geht sie in dein Sein und dein Wirken über.

Erwachende Schönheit – deine tägliche Kristallroutine und -praxis

Die Kristallgesichtsmassage

STEINE

Rosenquarz, Regenbogenfluorit,
Jade und/oder Bergkristall

Was seit dem 7. Jahrhundert bereits in China angewendet wurde, ist mittlerweile in Europa ein großer Trend geworden. Sogenannte Kristallgesichtsmassagen helfen, die Gesichtsmuskulatur zu entspannen, die Durchblutung zu fördern und den Lymphfluss zu aktivieren. Auch geschwollene Bereiche, wie etwa Augenringe, können reduziert werden. Die Haut wirkt bei regelmäßiger Anwendung gestrafft, geglättet und weist einen rosigeren Teint auf.

Dazu gibt es im Handel bereits »Facial Roller«, die täglich auf einfache Art und Weise angewandt werden können. Doch auch ohne solch einen Roller kannst du deine Steine für die Gesichtspflege verwenden.

Anleitung für die Kristallgesichtsmassage:

Bei der Kristallgesichtsmassage ist es wichtig, Steine in Form von Trommelsteinen zu verwenden, d. h. in geschliffener Form, ohne Ecken und Kanten. Besonders geeignet sind hierzu Steine, die entweder als Kugel oder als Handschmeichler erhältlich sind.

Folgende Steine eignen sich dafür:

Rosenquarz schenkt uns Selbstliebe und -fürsorge, macht den Teint rosig und zart.

Jade bringt die Haut ins Gleichgewicht und wirkt auch auf unseren Geist beruhigend.

Bergkristall klärt, fördert einen neuen Glow und wirkt reinigend.

Regenbogenfluorit gilt als ein Kristall, der angewendet werden kann, um Irritationen zu lindern und neue Frische ins Gesicht zu zaubern.

- Sorge für eine entspannte und klare Atmosphäre durch Kerzen, Düfte und evtl. meditative Musik, um die Massage zu unterstützen.

- Nachdem du dein Gesicht gewaschen und Rückstände mit einem klärenden Gesichtswasser entfernt hast, trage etwas Kokosöl (haselnussgroße Menge) auf dein Gesicht in streichenden Bewegungen auf. Streiche großflächige Gesichtsbereiche großzügig und kleine Bereiche, wie etwa die Nase, den Mund und das Kinn, in kreisenden Bewegungen aus. Wichtig: Atme sanft und tief – damit unterstützt du nicht nur die anschließende Kristallarbeit, sondern auch deinen Körper dabei, vollkommen aufzunehmen, was folgt.

- Wähle nun einen oder mehrere Kristalle, und beginne damit, deine Stirn in streichenden und zugleich sanften Bewegungen von rechts nach links auszustreichen.

- Anschließend fahre entlang der Linie des Kiefers zum Kinn, und kreise dieses dreimal ein. Wiederhole dies insgesamt dreimal auf jeder Seite.

- Lege nun einen Stein an deinen Nasenflügel, und streiche von dort unter den Augen nach außen zu deinen Wangen, um Stauungen der Lymphe zu entlasten. Wiederhole dies insgesamt drei- bis fünfmal auf jeder Seite.

- Dann fahre vom Brustbein aus in sanften Wellen (von unten nach oben) Richtung Kinn. Wiederhole dies insgesamt dreimal.

- Zuletzt glätte das Gesicht großzügig mit dem Kristall. Am besten von unten nach oben, was besonders straffend wirkt.

- Lege nun den Kristall auf dein Drittes Auge. Du kannst ebenso zwei Handschmeichler auf die geschlossenen Augen legen und für einige Minuten nachspüren.

Dieses kleine Ritual kannst du immer anwenden, wenn dir danach ist. Bei regelmäßiger Anwendung wirst du tolle Resultate wahrnehmen können.

Die Kristallbadetherapie

STEINE UND UTENSILIEN

Rosenquarz, Sodalith, Himalayasalz, evtl. ein paar Tropfen ätherisches Öl

Die Kristallbadetherapie ist eine der einfachsten Möglickeiten, unsere Aura und unser gesamtes energetisches Schwingungsniveau auszugleichen, positiv zu beeinflussen oder zu klären. Mit einem Bad aus Kristallen lassen sich zudem Möglichkeiten manifestieren oder auch unerwünschte Fremdenergien, z. B. Elektrosmog, ausleiten.

Es ist ein wahres Bad der Selbstliebe und Hingabe, wenn wir bereit sind, uns auf dieses sanfte und zugleich kraftvolle Ritual einzulassen.

Wasser ist eines jener Elemente, das (elektromagnetische) Energien gut leiten kann. Auch wir Menschen, wie jedes andere Lebewesen, sind gute Leiter von Energien, denn wir bestehen zu etwa 70 % aus Wasser. Wie wir heute wissen, ist Wasser in hohem Maße programmierbar. Dies wurde vor allem durch die Forschung von Dr. Masaru Emoto bekannt, der Experimente mit Wassermolekülen durchführte und entdeckte, dass unsere Gedanken und Absichten einen Einfluss auf die molekulare Struktur von Wasser haben.

Wie wir wissen, sind Kristalle ebenso gute Energieleiter. In Verbindung mit Wasser können wir eine machtvolle Schwingungsfrequenz aufbauen und somit Widerstände durchbrechen und Energien effizient durch unser Körper-Geist-Seele-System leiten.

Kurz zusammengefasst, bedeutet das, dass Wasser, Lebewesen und Kristalle Energien besonders gut leiten. Wenn wir dann noch die Kraft positiver Absichten, Gefühle und Gedanken einfließen lassen, entsteht ein magischer Vorgang, der uns auf allen Ebenen zugute kommen kann.

Wir empfehlen, mindestens einmal monatlich ein solches Bad durchzuführen. In Zeiten großer Veränderungen, Kummer oder Stresssituationen ergibt es durchaus Sinn, solch ein Bad jede Woche zu nehmen.

HINWEIS: Falls du keine Badewanne hast, kannst du auch eine Fußwanne nutzen.

Anleitung für die Kristallbadetherapie:

- Fülle deine Wanne mit etwa 37 Grad Celsius warmem Wasser, und füge etwas Himalayasalz hinzu. Zudem kannst du ein ätherisches Öl in therapeutischer Qualität oder auch biologische Rosenblütenblätter hinzugeben.

- Sorge für eine wohlige Stimmung, indem du Kerzen anzündest, sanfte melodische Musik auflegst und mit ätherischen Ölen einen Wohlgeruch verströmst.

- Lege nun einen, am besten jedoch mehrere Kristalle gleicher Art oder zwei bis drei verschiedener Sorten in dein Badewasser. Hierbei kannst du für jeden Stein eine ganz bestimmte Intention, Affirmation oder ein Gebet sprechen.

- Lege dich nun in die Wanne, und bade für 15–20 Minuten in meditativer Stimmung. Das heißt, verzichte möglichst auf Ablenkungen, und genieße die feine Schwingung, die während der Kristallbadetherapie entsteht. Häufig tauchen dabei viele innere Bilder auf, Gefühle werden aufgewühlt, und manchmal fließen auch einfach Tränen der Befreiung – lasse all dies zu!

HINWEIS:
Einige Kristalle sind für das Einlegen in Wasser ungeeignet, da sich mitunter sogar giftige Stoffe aus den Kristallen lösen können, während sie beim Tragen auf der Haut ihre heilenden Kräfte entfalten. Die gängigsten Wassersteine sind Amethyst, Rosenquarz, Sodalith, Fluorit, Mondstein und Bergkristall. Eine Liste möglicher Steine, die in Verbindung mit Wasser ungeeignet sind, findest du im Internet: www.edelsteine.net/edelsteinwasser/giftig-ungeeignet.

Die entstressende Kristallfußmassage

STEINE UND UTENSILIEN

Aventurin, Amethyst
oder Rauchquarz, etwas
Sesamöl (wärmend) oder
Kokosöl (kühlend)

Die Kristallfußmassage ist ein wunderschönes Ritual vor oder nach der entspannenden Kristallbadetherapie, lässt sich jedoch auch unabhängig von dieser einsetzen. Gerade nach langen Tagen oder in aufwühlenden Zeiten ist sie ein wahrer Segen für Körper und Geist.

Die Kristallfußmassage dauert ca. 10–20 Minuten und hilft, den Körper zu entgiften, fördert einen wohltuenden Schlaf, aktiviert viele Energiezentren im gesamten Körper und verleiht uns ein neues Körperbewusstsein.

Die Wirkung des Rituals:

- stimuliert die Selbstheilungskräfte
- setzt heilsame Impulse durch den Kristall
- wirkt ausgleichend und beruhigt den Geist
- beruhigt Vata (Luft) und wirkt sehr erdend
- fördert den Energiefluss im gesamten Körper (Reflexzonen)
- aktiviert den Stoffwechsel und reduziert Stress
- bewirkt einen tiefen und erholsamen Schlaf

Anleitung für die Kristallfußmassage:

- Wähle einen geschliffenen Kristall, der beruhigend und ausgleichend wirkt, z. B. Aventurin, Amethyst oder Rauchquarz.
- Erwärme das Öl in einer Tasse, indem du sie in einen Topf stellst und in diesen kochendes Wasser hineingibst. Prüfe, ob das Öl eine für dich angenehme Temperatur hat.
- Beginne, es entlang der Füße bis hinauf zu den Knien auszustreichen. Wiederhole dies insgesamt zweimal.
- Nachdem deine Füße und Beine eingeölt sind, nimm einen Kristall zur Hand, und beginne, den Kristall über den weichen Teil des Fußrückens zu kreisen und von der Ferse bis zum Großzehenballen. Wiederhole dies insgesamt dreimal.
- Bearbeite anschließend die Außenkante des Fußes in kreisenden Bewegungen und mit leichtem Druck mit dem Kristall. Wiederhole dies insgesamt dreimal.
- Kreise nun etwas kräftiger über die Ferse.
- Fahre mit dem Kristall mit Druck an den Zehen entlang, und streiche die Zwischenräume aus.
- Wiederhole denselben Ablauf am anderen Fuß.
- Decke die Füße zum Schluss zu, und halte sie warm.

Das Öl kann ca. 20–25 Minuten einwirken. In dieser Zeit zieht es Schlackenstoffe aus dem Körper. Wasche es danach einfach mit einer milden Seife ab.

Crystal Grid: ANNAPURNA-GRID – ENERGETISCHE NAHRUNG

Das, was wir täglich zu uns nehmen, beeinflusst uns unentwegt. Wir sind, was wir essen – ein Spruch, in dem viel Wahrheit steckt. Denn wir können noch so viel für unsere geistige Hygiene tun, uns energetisch reinigen, die Kraft der Manifestation verstehen und der Erleuchtung nahe sein. Wenn wir Nahrung zu uns nehmen, die unseren Körper schwächt, werden wir die lichtvollen Erfahrungen selten in ihrer Fülle auskosten können.

In unseren Küchen haben wir ganz einfache Grids installiert, die uns helfen, die Nahrung zu energetisieren. Selbst bei Lebensmitteln, deren Ursprung oft nicht ganz klar ist, können wir mithilfe der Kristalle alte Informationen löschen und sie positiv aufladen.

Annapurna ist übrigens die hinduistische Göttin der Nahrung, der Ernte und des Hauses. Mit ihrer Hilfe und ihrem Segen haben wir immer genug zu essen. Ihr Name bedeutet so viel wie »die an Nahrung Reiche«. In vielen indischen Haushalten wird Annapurna mit Bildnissen in Speiseraum und Küche verehrt. Man sollte niemals Speisereste wegwerfen, da dies der Legende nach ihren Zorn erregt.

Was du dazu brauchst:

- 8 Bergkristalle (energetisieren die Nahrung und löschen alte, disharmonische Informationen)
- 8 Fluorite (verleihen den Lebensmitteln die Farben und die Fülle, die sie brauchen)
- 16 kleine Rosenquarze (bringen Liebe und Frieden in die Nahrung)
- 1 Aktivierungskristall
- *optional:* Drucke dir aus dem Internet ein Bild von der Göttin Annapurna aus.

HINWEIS:
Für dieses Grid benötigst du keine bestimmte Form. Es wird im Kreis gelegt und hat keine Mitte.

Ritual:

- Kreiere eine sanfte und angenehme Atmosphäre. Atme mehrmals tief ein und aus, und verbinde dich mit deinem Höheren Selbst.
- Breite die Kristalle vor dir aus, schließe deine Augen, und atme einige Male tief ein und aus, bis du in einen Zustand von innerer Ruhe und Klarheit gelangst. Dann sprich entweder ein Gebet (S. 67), oder bitte deine Höhere Führung um Schutz und Fokus.
- Lege nun beginnend mit den Bergkristallen einen Kreis, und lasse dabei in der Mitte eine Fläche in der Größe deiner Hand frei.
- Lege darum die Fluorite. Und um die Fluorite herum lege die Rosenquarze.
- Verbinde nun die einzelnen Kristalle des Grids mithilfe des Aktivierungskristalls (energetisch) miteinander.
- Lege für einige Stunden das Lebensmittel in die Mitte, das du energetisieren willst – du wirst in vielen Fällen einen großen Unterschied schmecken!

Hin und wieder solltest du das Grid auflösen, die Kristalle reinigen und es erneut auslegen.

Das Yoni-Ei

Ein Yoni-Ei, auch als Yoni-Egg bekannt, ist ein Kristall, meist aus Jade oder Rosenquarz, der geformt und poliert wurde, um in der Vagina getragen zu werden. »Yoni« ist Sanskrit für die weiblichen Genitalien und bedeutet »heiliger Raum«. Die Yoni ist ein Sinnbild für Leben, Kreativität, Kraft, Sinnlichkeit und Liebe. Das Tragen von Yoni-Eggs wird schon seit über 5 000 Jahren praktiziert und ist vor allem aus dem Könighaus Chinas bekannt. Durch das Tragen des Eis können wir Zugang zu unserer sexuellen Kraft erhalten, die Sinnlichkeit wird erweckt, und es harmonisiert. Zudem stärkt es die Muskulatur der Yoni und des Beckenbodens. Das Yoni-Ei ist ein uraltes, heiliges Werkzeug für die spirituelle Transformation.

Es gibt viele Argumente, warum frau es ausprobieren sollte: Es erhöht die Libido und weckt die Sinnlichkeit; durch die Auseinandersetzung mit dem Ei treten wir stärker mit uns selbst in Kontakt und kommen schneller in die Selbstliebe; die Schleimhäute werden bis ins hohe Alter angeregt; eine Sensibilisierung findet statt, wodurch frau leichter zum Höhepunkt kommt; es trainiert die Muskulatur der Yoni nach der Geburt; PMS-Symptome können gelindert werden und vieles mehr.

Ein Yoni-Ei ist eine sehr persönliche Sache, und wir glauben, dass jede Frau ganz intuitiv weiß, welches Ei das richtige für sie ist. Sobald das Ei das erste Mal eingeführt wurde, macht die Unsicherheit der sinnlichen Erfahrung Platz. Wer sich unsicher ist, der entscheidet sich für ein Dreierset. Das Dreierset besteht meist aus einem großen, einem mittleren und einem kleinem Ei – dies ist ideal zum Üben und Wohlfühlen. Das große Ei ist am einfachsten zu halten, je kleiner die Eier werden, desto mehr trainiert frau ihre Yoni und macht sie geschmeidig. Es ist eine Frage des individuellen Geschmacks, ob die Yoni-Eggs ein kleines Loch haben sollten oder nicht. Das Loch ist für die Anbringung eines Fadens gedacht, mit dem das Ei einfacher entfernt werden kann, jedoch ist dies durch Kontraktion auch ohne Faden möglich.

Es gibt die Eier in den verschiedensten Steinvarianten, allerdings sollte man darauf achten, die Steine als Yoni-Eggs zu kaufen, denn dann sind sie frei von Chemikalien, Farbstoffen und künstlichen Füllstoffen. Die Steine Nephrit, Rosenquarz, schwarzer Obsidian und Jade werden am häufigsten als Yoni-Egg angeboten.

Nephrit kommuniziert mit deinem Herzchakra und verbindet das Herz mit der Leidenschaft. Zudem erdet, beruhigt und schützt er und fördert die Selbstliebe.

Rosenquarz ist ein Zeichen der Liebe und Leidenschaft und resoniert mit dem Herzchakra. Er unterstützt dabei, Barrieren und Blockaden aufzulösen, die in Verbindung mit Liebe, Sexualität, Sinnlichkeit und Lust aufgebaut wurden.

Schwarzer Obsidian kommuniziert mit dem Wurzelchakra und bietet als Verbündeter Schutz vor Traumata und Emotionen, die im Körper, insbesondere im Becken, gespeichert sind. Er hilft, diese schweren Energien zu wandeln, und lindert auch PMS-Symptome.

Jade resoniert mit den Chakras des Dritten Auges und der Krone und hilft, sich mit spirituellem Wissen zu verbinden und dieses hier auf die Erde zu holen und zu erfahren. Er fördert die Spontaneität und Kreativität und macht frei.

Es sollte eine Selbstverständlichkeit sein, dass vor dem Gebrauch des Eis nicht nur unsere Hände sauber sind, sondern auch das Ei gereinigt ist. Eine Möglichkeit ist, Wasser zum Kochen zu bringen, dieses in eine Schale zu füllen, es etwas abkühlen zu lassen und dann das Ei in dem Wasser für 12–15 Minuten in dem Wasser liegen zu lassen. Bitte koche das Ei nicht, denn es könnte platzen. Auch nach dem Gebrauch sollte das Ei stets gereinigt werden. Zudem kannst du es energetisch reinigen, wie bereits in den vorherigen Kapiteln zu den Kristallen beschrieben.

Das Ei wirkt mit seiner Magie. Hierbei kommt es nicht auf die Dauer des Tragens an, jedoch würden wir immer empfehlen, dass das Tragen dir keinen Stress bereiten sollte, sondern etwas sinnlich Entspannendes sein darf. Fange mit 15 Minuten alle zwei Tage an, und steigere dich von Mal zu Mal. Variiere auch bzgl. der Größe des Eis. Beachte jedoch: Das Ei sollte nie länger als 12 Stunden am Stück getragen werden, denn auch unsere Yoni darf einmal ruhen. Falls du noch nicht so geübt bist und Probleme dabei hast, das Ei beim Laufen festzuhalten, dann übe erst einmal im Sitzen, und konzentriere dich darauf, es festzuhalten. Durch die Übung und Verbindung mit dem Ei wird die Kraft deiner Yoni zurückkommen.

Crystal Grid: KÖRPER-GRID

Was du dazu brauchst:

- 5 Trommelsteine in Seifenform
- 3 Rohsteine

In der heutigen Zeit werden wir oft von außen abgelenkt und kommen nicht dazu, voll konzentriert ein Crystal Grid zu legen, oder wir fühlen uns einfach gerade nicht fokussiert genug. Dann ist ein Körper-Grid genau das Richtige, um uns wieder aufzuladen oder Gedanken abfließen zu lassen. Dies darf ganz intuitiv geschehen. Spüre in dich hinein, welche deiner Körperstellen gerade Energie braucht und an welchen Stellen du dich unter Druck fühlst.

Das nachfolgend vorgestellte Ritual ist nur eine Anregung und kann deinen individuellen Bedürfnissen angepasst werden.

Ritual:

- Lege dich flach auf den Boden, und platziere die Steine wie folgt: Lege den ersten der fünf Trommelsteine auf dein Sakralchakra, den zweiten auf dein Herzchakra und den dritten auf dein Drittes Auge. Die Rohsteine legst mit der Spitze nach Außen über deinen Scheitel auf den Boden wie eine Krone, wenn du Energie abfließen lassen möchtest – und die Spitzen nach innen, wenn du dich aufladen möchtest. Dann nimm in jede Hand je einen Trommelstein.
- Fokussiere dich darauf, was du erreichen möchtest, und konzentriere dich auf jeden einzelnen Stein, der auf dir liegt bzw. den du in deinen Händen hältst, um dann die Energie über die Strahlen der Rohsteine abfließen zu lassen.
- Falls du dich aufladen möchtest, stelle dir vor, wie du die Energie über die Strahlen der Rohsteine und über die Trommelsteine auf deinem Körper aufnimmst und du dich damit aufladen kannst bis hin zu deinen Händen. Verweile so mindestens elf Minuten.

Erstelle deine eigene Kristall-Essenz

Es wird Momente, Orte und Begebenheiten geben, in denen du kein Crystal Grid aufbauen kannst, du die Energie gern mitnehmen möchtest oder sogar die Energie deines Grids mit einem anderen Grid unterstützen möchtest, z. B. der Energie des Schutzraumes. Dann kann dir eine Essenz helfen. Wir schätzen es sehr, unsere eigenen Essenzen herzustellen, und benutzen gern kleine Glasfläschchen für sie. Diese sind nicht zu schwer, wir können sie überallhin mitnehmen und die Auswahl stärker variieren, jedoch sei du vollkommen frei. Es gibt bestimmt noch andere Arten, eine Essenz herzustellen. Wir teilen hier die mit dir, die für uns funktioniert.

Was du dazu brauchst:

- 1 kleine Glasflasche
- 1 Glasbehälter
- destilliertes Wasser oder Quellwasser
- 37 %igen Alkohol aus biologischem Anbau*
- hochwertiges ätherisches Öl
- 1 Kristall, der in die Flasche passt** bzw. in den Hals der Flasche

** Du kannst sehr gut auch Wodka oder Gin benutzen. Falls du auf die Alkohol-Komponente verzichten möchtest, dann kannst du dies tun, allerdings haben wir die Erfahrung gemacht, dass die Essenz dann nur für ein paar Tage schön und wirkungsvoll ist.*

*** Den Kristall, von dem du die Essenz herstellen möchtest, legst du bitte ins Zentrum des Grids, das du vorab ausgewählt hast. Der Kristall sollte mindestens 28 Tage in dem Grid gelegen haben.*

Ritual:

- Mische Alkohol und Wasser im Verhältnis 30 zu 70, je nach Größe deiner Flasche, in einem Glasbehälter.

- Gib 1–3 Tropfen deines Lieblingsöls in die Mixtur. Hier ist zu Anfang weniger mehr, rieche erst einmal, ob dir der Duft nicht zu intensiv ist.*

- Lasse den Kristall vorsichtig in die Flasche gleiten.

- Fülle deine Kreation in die Glasflasche ab. Halte die Flasche in beiden Händen, und stelle dir vor, wie du in der Mitte eines Oktaeders stehst und die Essenz aufgeladen wird mit der Energie der Himmelsrichtungen, mit dem Oben und dem Unten, mit der Energie von Mutter Erde und der des Universums.

- Zusätzlich kannst du folgende Worte sprechen: »*Möge diese Essenz mit Liebe, Licht, Dankbarkeit und Achtsamkeit aufgeladen werden sowie jede Aura, die sie zart berührt, reinigen, stärken und schützen. Möge die Energie in dieser Flasche mit einem Lichtsiegel beschützt sein. Danke an alle lichtvollen Begleiter dafür, dass ihr mir geholfen habt.*« Damit ist deine Essenz aufgeladen und kann benutzt werden.

---

* *Wir benutzen gerade am liebsten Weihrauch, Zimtrinde oder auch Myrrhe sowie »Believe« von Young Living.*

Nachwort

Ein Grid aufzubauen, darf etwas sein, was aus deinem Inneren heraus geschieht. Du darfst dich ganz frei machen von all dem, was wir dir vorgeschlagen haben. Natürlich haben wir die Informationen in diesem Buch sorgfältig zusammengetragen und abgewogen, und doch kann bei dem einen oder anderen Thema für dich plötzlich etwas ganz anderes entstehen. Dann ist dies auch vollkommen korrekt. Anne-Mareike wollte z. B. ein Grid für eine Kraftübertragung zum Thema »Avalon« machen und hatte ein ganz festes Bild im Sinn und alle Kristalle dafür besorgt. Aber es kommt doch oft anders, als man es sich vorgestellt hat. Denn anstatt nun die Vesica Piscis als Form zu benutzen, zeigte sich eine andere Form. War dies nun falsch?

Nein, denn es geht darum, deiner Intuition zu vertrauen und dich führen zu lassen. Die Grids in diesem Buch können eine Anleitung und Inspiration sein, und doch bist du ein Individuum und ist jeder Kristall ein Unikat. Deshalb lasse dich nicht verunsichern, sondern erlebe, dass diese Art von Ritualen dir auch ein Stück Freiheit schenken darf. Es soll und darf dir Freude machen und sollte frei von Zwängen geschehen.

Zu guter Letzt möchten wir dir noch zwei sehr nützliche Grids, die du in jeder erdenklichen Situation verwenden kannst, mit auf deinen Weg geben: Den Kristallverstärker und das Crystal Grid to go.

Crystal Grid: KRISTALLVERSTÄRKER

Manchmal wollen wir uns einem Kristall voll und ganz widmen, seine Energie maximieren und seine vollkommene Wirkkraft auf unser Leben übertragen. Dazu gibt es ein wunderbares und einfaches Grid, das du legst, um einen Kristall in seiner Wirkung zu verstärken. Doch warum sollten wir einen Kristall verstärken? Alle Kristalle allein sind großartige Heiler und Helfer, die genau die Energie ausstrahlen, die wir gerade brauchen. Dennoch können wir ab und an jene Qualitäten stärken, die eben dieser eine Kristall repräsentiert. Wir schalten quasi seine Energie auf ein Maximum!

Was du dazu brauchst:

- 1 Kristall deiner Wahl
- 1 Handvoll Fluorite und/oder 1 Handvoll Bergkristalle

Ritual:

- Nachdem du deine Kristalle gereinigt hast, lege den Kristall deiner Wahl auf einen Tisch oder eine geeignete Unterlage.
- Ordne nun die Fluorite und/oder Bergkristalle kreisförmig um deinen Kristall an. Du wirst merken, dass mit jedem neuen Kreis bzw. je mehr Kristalle du auslegst, die Kraft dieses einzelnen Kristalls um ein Vielfaches verstärkt wird.
- Bei diesem Grid brauchst du die Kristalle nicht miteinander zu verbinden. Lasse die Formation gern einige Tage liegen. Nimm deinen Kristall aus dem Grid, sobald du ihn brauchst, und lege ihn danach wieder in die »Aufladestation«.

Crystal Grid: TO GO

Es könnte nun die Möglichkeit bestehen, dass keines der Grids, die wir dir vorgestellt haben, gerade zu deiner Situation passt oder du einfach schnell etwas für dich legen möchtest. Dann ist das To-go-Grid genau das Richtige, denn hierbei kannst du ganz frei sein und dich einfach von deinem Gefühl leiten lassen. Bei diesem Grid stellst du dir vier Steine zur Seite. Das Bild, das uns dazu inspiriert hat, ist die Karte aus dem Crowley-Tarot »Die Vier der Scheiben«. Du kannst bei diesem Grid ganz frei sein und dir überlegen, welche Qualitäten, Ressourcen oder Fähigkeiten du für diese bestimmte Situation, den Augenblick oder die Aufgabe brauchst. Was in dir soll unterstützt werden, und wobei genau brauchst du die Hilfestellung? Überlege dir, welche vier Arten von Steinen dich einrahmen dürfen. Wie dürfen sie geschliffen sein, und welche Farbe sollten sie haben? Welche Aspekte oder Helfer brauchst du in diesem Augenblick? Welche Fähigkeit hättest du gern an deiner Seite? Welcher Aspekt der Steine hilft dir, und welchen könntest du sinnvoll für dich nutzen? Bitte beschränke dich auf vier Steine, denn die Vier steht für Stabilität und Manifestation.

Ritual:

Was du dazu brauchst:

- 1 Bild von dir
- 4 Steine deiner Wahl
- 1 Aktivierungskristall

- Lege ein Bild von dir in die Mitte des Grids, und dann platziere die vier Steine jeweils an einer der Ecken des Bildes.
- Nimm den Aktivierungskristall zur Hand, und verbinde alle Kristalle (energetisch) miteinander.

Danksagung

… von Anne-Mareike Schultz

Liebe(r) Leser(in), ich bin dir dankbar, denn ohne dich könnten wir nicht gemeinsam dieses wundervolle Netz der Magie, Heilung und Freude spinnen. Danke dir, dass du dich für dieses Buch entschieden hast. Mögen dich die Steine, unsere Ahnen, auf deinem Seelenweg begleiten.

Ich gehörte immer zu den Kindern, die die Hosentaschen voller Steine und Muscheln hatten, weil diese zu mir gesprochen haben und ich sie unbedingt brauchte. Schon als Kinder haben wir schöne Muster in den Sand gelegt, wenn wir an der Nord- oder Ostsee waren, und auch unter alte Bäume, um den Feen einen Spielplatz zu schenken. Ich bin mehr als dankbar, dass unsere Eltern uns mit so vielen Blickwinkeln auf die Welt haben aufwachsen lassen. Ich möchte meinen Eltern Anne-Karine und Hans-Albert dafür danken, dass sie meine Ahnen sind, meine Ratgeber, meine Kritiker, meine Unterstützer, meine größten Fans. Vor allem danke ich euch für eure Liebe. Ihr seid so unglaublich, und ich bin für euch sehr dankbar. Ich danke vor allem meiner Zwillingsschwester Wibke-Martina, die mich immer bedingungslos unterstützt, Verständnis für mich hat, mich zum Lachen bringt und mir darüber hinaus die Zeit, den Raum und den Platz schenkt, meinen Traum zu verwirklichen. Du bist meine große Heldin! Was würde ich bloß ohne dich tun? Meine Liebe für euch ist unermesslich, und ich habe euch lieb.

Ja, und ich gehöre zu den Verrückten und danke an dieser Stelle meinen Katzen, denn ohne euer unermüdliches Zutun, ALLE Steine durcheinanderzubringen und dann neben einem perfekten Grid einzuschlafen, wäre dieses Buch nur halb so aufregend geworden.

Ich wurde vor allem im letzten Jahr von einem unglaublich schönen Verband von liebenden Freunden unterstützt, dazu gehören vor allem meine lieben Freundinnen und Freunde Caro, Tim, Hanna, Greta, Verena, Nicole und Michel. Mit unfassbar viel Geduld und Liebe habt ihr mich in meiner Schaffenszeit ertragen, und wir sind noch immer Freunde. Was für ein schönes Geschenk. Ich danke euch aus tiefstem Herzen dafür.

Aber auch dir danke ich, lieber Dennis, denn wir beide leben diese magische Achterbahnfahrt, an der wir beide den jeweils anderen teilhaben lassen, und ich möchte nicht eine Runde missen. Schön, dass sich unsere Wege wieder gekreuzt haben und wir gemeinsam diesen Pfad gehen, denn ich weiß, dass dies nicht selbstverständlich ist, und erlebe es als ein großes Geschenk.

Ich danke meinen Verlegern, der lieben Heidi und dem lieben Markus Schirner dafür, dass sie mit uns dieses Thema in die Welt bringen und uns so ihr Vertrauen schenken. Ich weiß dies wirklich zu schätzen.

Ein großes Dankeschön geht an meine liebe Lektorin Kerstin – du ermahnst mich, und doch bringst du mich auch immer wieder zum Lachen. Du hast so viel Verständnis, und ich bin sehr dankbar, dass du mich so unermüdlich unterstützt. Dieses Buch wäre ohne dich nicht so, wie es ist, und das ist ein großes Geschenk. Auch möchte ich Simone danken, die unserer Vision mit der grafischen Gestaltung des Buches Leben eingehaucht und ein Fest für die Augen erschaffen hat. Ein festes Bild von einem Buch vor Augen zu haben und ein Gefühl zu beschreiben, ist eine Sache, aber dann genau dies in den Händen zu halten, das ist Magie. Ich danke dir von Herzen dafür.

Wir hätten dieses Buch nicht schreiben können, wenn wir nicht zauberhaft unterstützt worden wären mit Leihgaben von Steinen. Wir sind dankbar, dass du, liebe Annett Hering (www.fengshuihaus-dresden.de), uns so viel Vertrauen entgegengebracht und uns deine Schatzkammer geöffnet hast. Du hast ein so tiefes Wissen. Aber auch die Schirner Buchhandlung hat uns liebevoll bestückt, und wir sind so dankbar, dass wir euch an unserer Seite haben.

Mögen wir gemeinsam ein Netz aus Liebe um diese Welt spannen und uns magische Momente schenken. Ich bin für jede Erfahrung, Berührung und Verbindung dankbar, denn sie hat mich zu dem Menschen gemacht, der ich heute bin, und auf diesen bin ich sehr stolz. Sei auch du stolz auf dich!

Deine Anne-Mareike Schultz

… von Dennis Möck

Mein Herz ist immer erfüllt von Dankbarkeit, wenn ich schreiben darf. Es ist erfüllt, wenn du, liebe(r) Leser(in), dieses Buch in den Händen hältst und dich darin ein Stück weit selbst erkennen kannst. Es ist erfüllt, wenn ich, umgeben von Kristallen, Mondrhythmen und der Kraft der Innenwelt meiner Praxis nachgehen kann – in dem Wissen, dass dies diesem Planeten, der Welt, der Umwelt ein Segen sein wird.

Wie viele von uns entdeckte ich bereits als Kind, wie magisch und schön Kristalle sein können. Ich sammelte sie, legte Muster und erfreute mich an ihrer Schönheit. Nach einiger Zeit verlor ich den Kontakt. Doch entdeckte ich vor einigen Jahren eine Kiste mit all den funkelnden Steinen und Kristallen von damals und begann, mich durch eine Vielzahl von Büchern und Workshops mit der Kraft einzelner Kristalle auseinanderzusetzen. Eine große Liebe wurde geboren, die bis heute anhält.

Durch meine liebe Freundin Anna Theresa kam ich mit den kraftvollen Crystal Grids in Kontakt – wofür ich ihr von Herzen dankbar bin! Denn ohne sie wäre dieses Buch wohl nie entstanden. Danke, dass du ein Teil dieses Buches mit deiner wunderschönen Reise bist. Auch Imke, meiner lieben Freundin und Wegbegleiterin, danke ich für ihren Beitrag in diesem Buch – wie immer herzöffnend und warm!

Ich danke meinen Eltern Sabine und Manfred dafür, dass sie mich immer in dem unterstützt haben, wonach mein Herz sich sehnte, und dass sie immer an mich geglaubt haben.

Auch meiner Oma Hilde möchte ich dafür danken, dass sie immer an meiner Seite und mir ein großes Licht in dieser Welt ist.

André, der mich wieder und wieder aufbaut und an meiner Seite ist, gehört mein Dank.

Meine lieben Freundinnen und Freunde sind mir eine große Stütze in meinem Leben; vielen Dank, dass es euch gibt!

Mein Herz hüpft, wenn ich an das Schöne denke, was wir miteinander teilen, liebe Anne-Mareike. Du bist nicht nur eine gute Freundin, sondern auch eine Schwester im Herzen. Es ist ein Geschenk, dass wir uns wiedergefunden haben.

Ich danke meinen Verlegern Heidi und Markus Schirner, dass sie mit uns eine Vision teilen und an das glauben, was wir bewegen können. Ohne euch könnte solch ein Buch nie in seiner Schönheit erblühen.

Meiner Lektorin Kerstin möchte ich danken – sie hat eine Engelsgeduld und so viel Verständnis und noch mehr schöne Ideen – danke von Herzen. Vielen Dank auch an Simone, die unsere Ideen und Wünsche immer genauso umsetzen konnte, wie wir es uns vorgestellt haben – wahre Kunst!

Für die Bilder, die für dieses Buch entstanden sind, konnten wir uns von der Schirner Buchhandlung in Darmstadt sowie von Annett Hering tolle Steine leihen. Dafür bin ich unendlich dankbar.

Danke, danke, danke, dass dieses Leben uns alle miteinander verbindet, wir unser Licht und unsere Einzigartigkeit leben dürfen.

Dennis Möck

VORLAGEN FÜR DIE CRYSTAL GRIDS

Das Legen von Crystal Grids ist weder zeitaufwendig noch kompliziert – und mit unseren Vorlagen wird es sogar noch einfacher. Auf den folgenden Seiten findest du die wichtigsten Formen der Heiligen Geometrie. Du kannst die Vorlagen verwenden, um die Grids in diesem Buch zu legen oder eigene Grids mit ihnen zu erstellen. Kopiere dir dafür einfach die Vorlage, die du verwenden möchtest, oder trenne die jeweilige Seite aus dem Buch heraus.

SAME DES LEBENS

BLUME DES LEBENS

SRI YANTRA

LIEGENDE ACHT

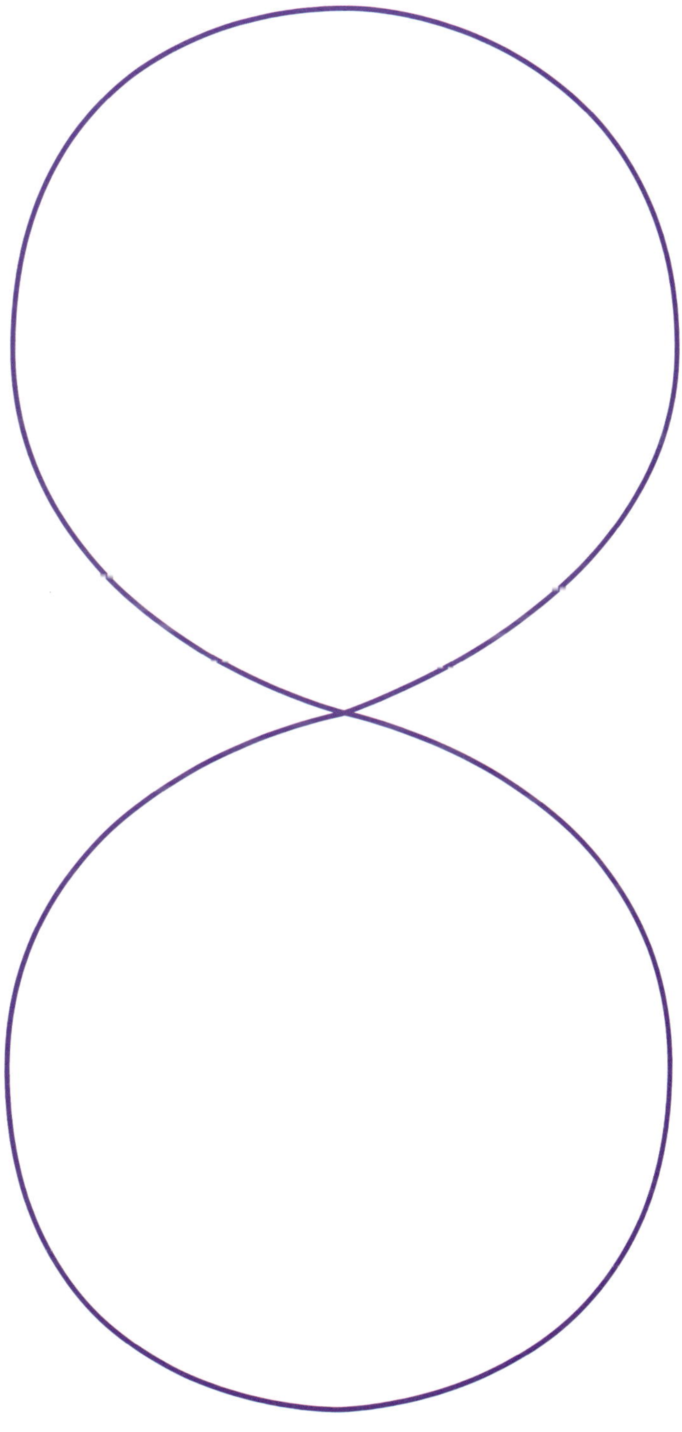

METATRONS WÜRFEL

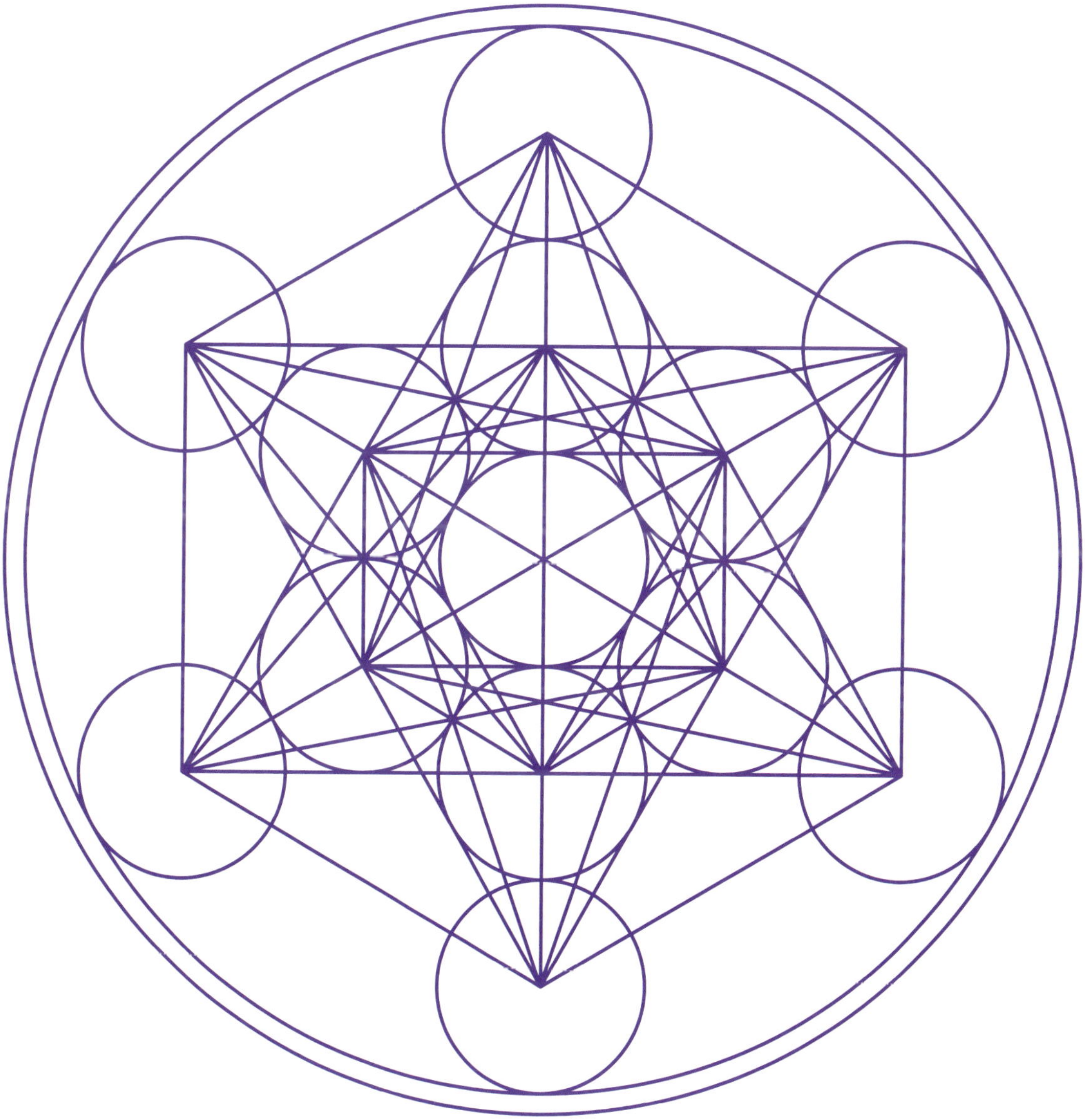

VESICA PISCIS

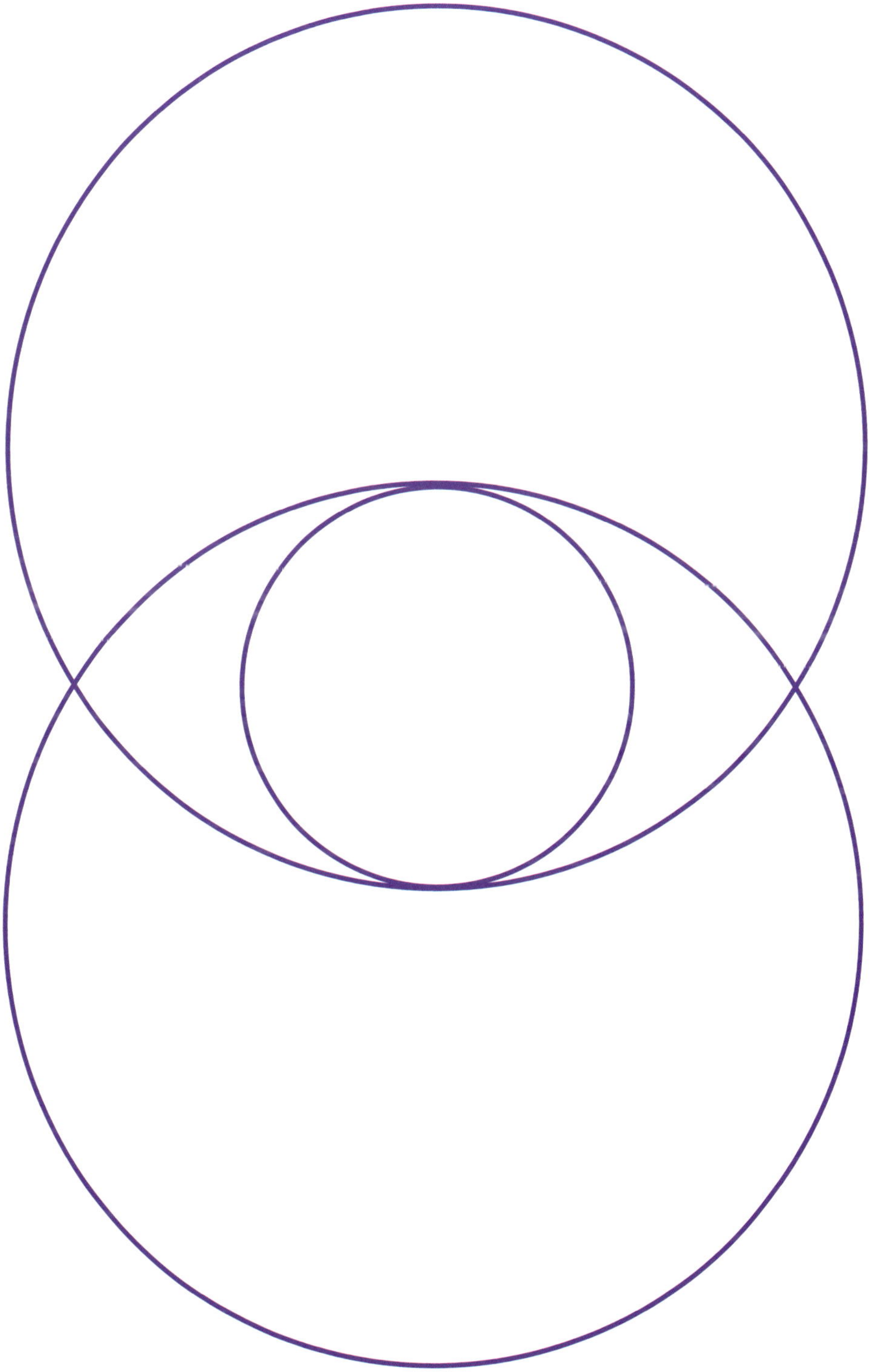

AUFGEKLAPPTES OKTAEDER

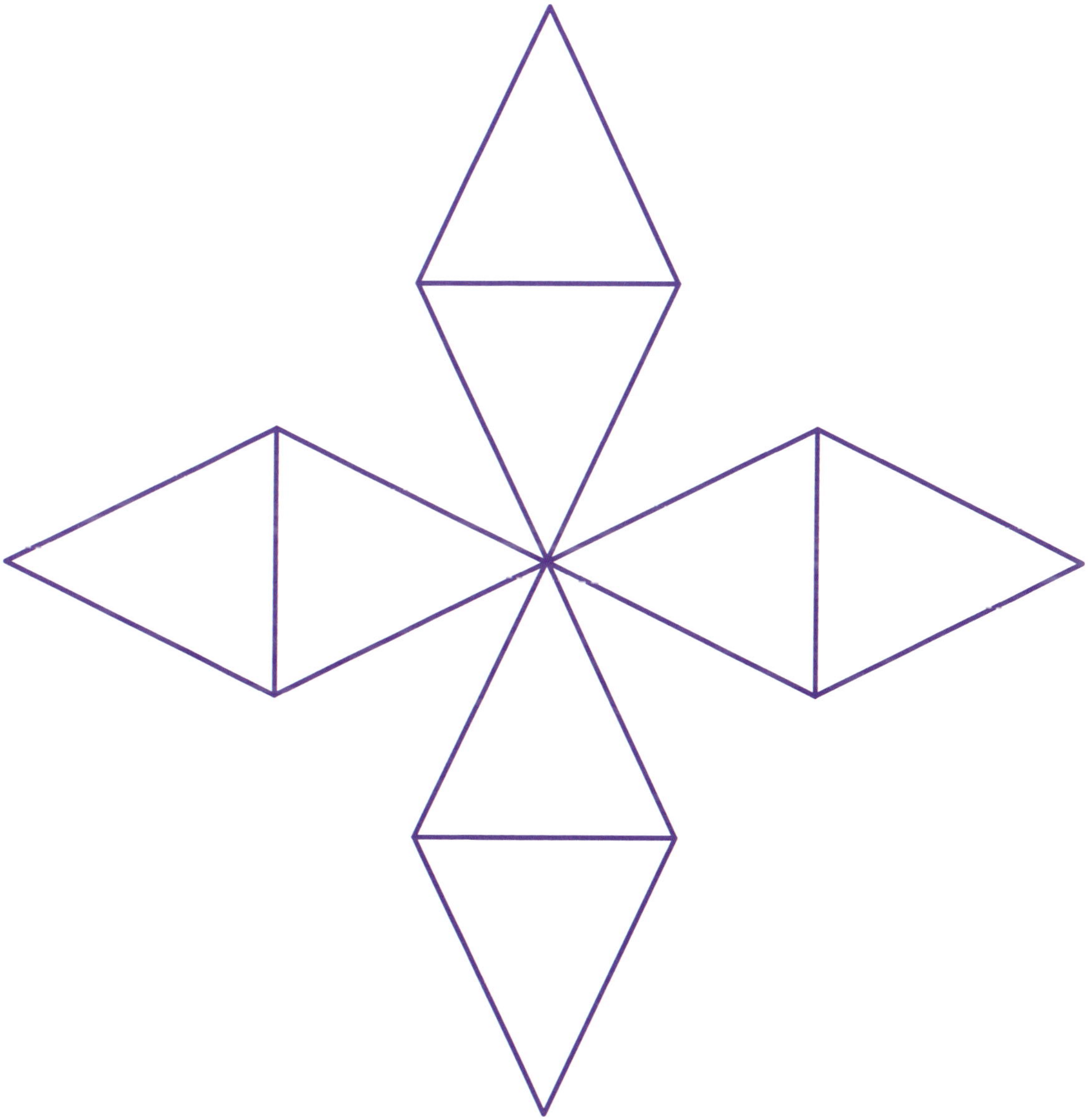

SPIRALE MIT DREIECK

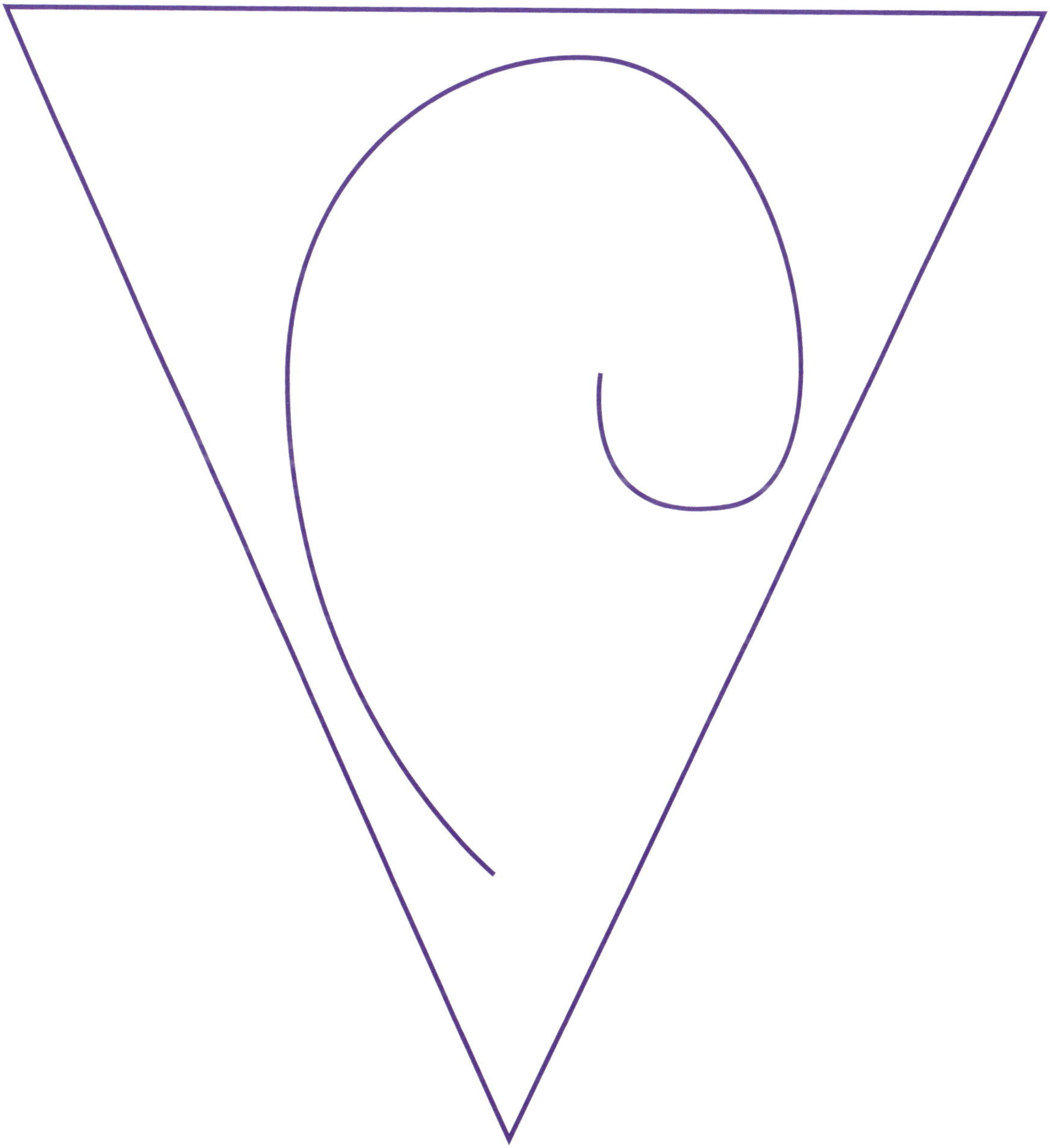

KREUZ MIT KREIS

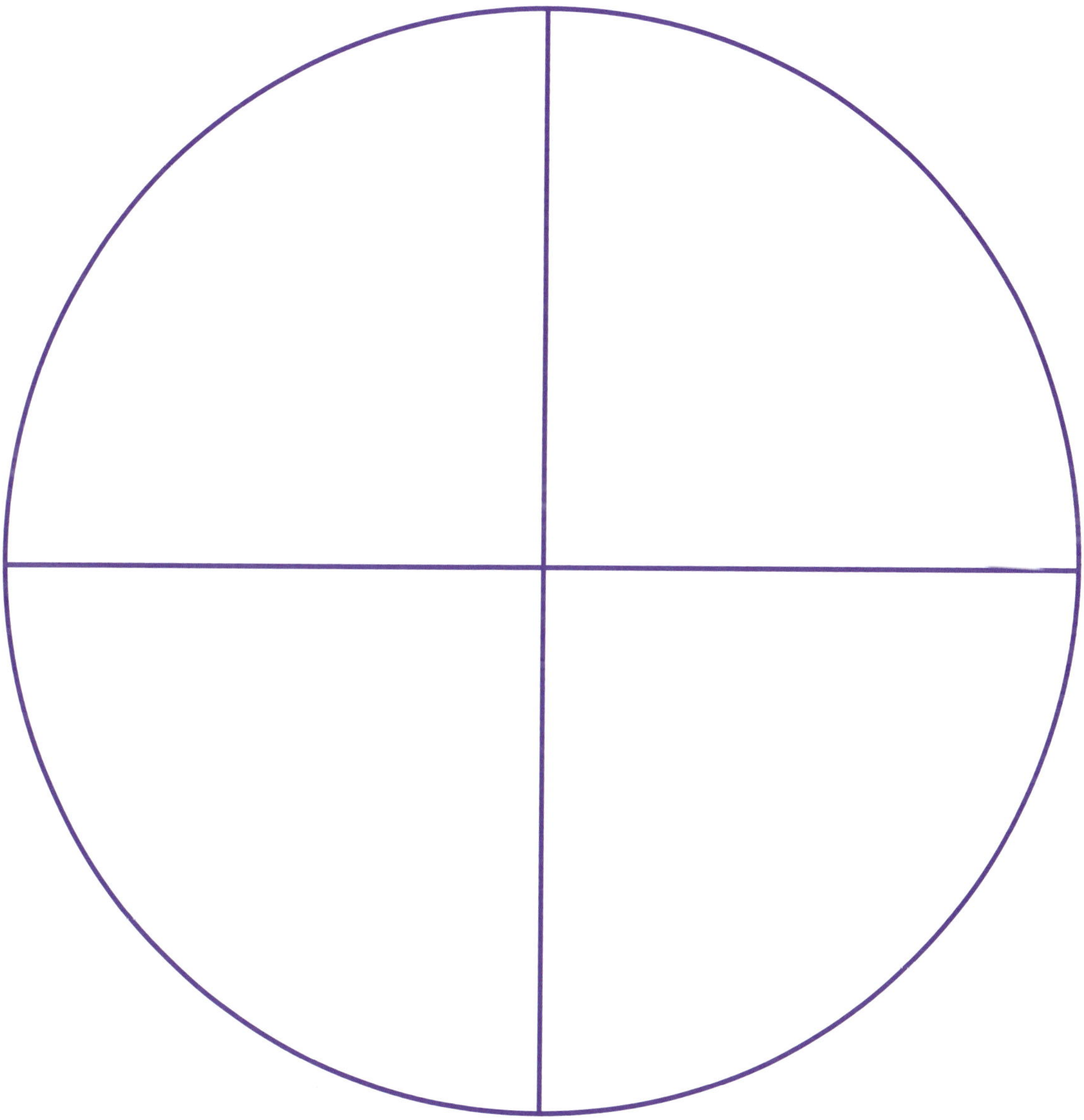

Über die Autoren

ANNE-MAREIKE SCHULTZ beschäftigte sich bereits im Kindesalter mit Lichtwesen, Mythen und Legenden. Seit früher Kindheit bereiste sie die Welt und lebte zudem einige Zeit in den USA und Australien. Diese vielen, ganz besonderen Erlebnisse prägten sie tief. Durch ihre Vorfahren kam sie schon ganz früh mit schamanischem Wissen und den unsichtbaren Welten und deren Kraft in Berührung. Nach Beendigung ihres Studiums und individuellen Erfahrungen entdeckte sie gemeinsam mit ihrer Zwillingsschwester die Naturheilkunde für sich. Beide absolvierten Ausbildungen zur Heilpraktikerin und eröffneten eine Gemeinschaftspraxis in Schleswig-Holstein. Anne-Mareike Schultz gibt zudem Seminare, Workshops, Meditationen, Einzelsitzungen, Webinare, Onlinekurse und Seminarreisen. Wer ein Grid für sich oder zu einem besonderen Anlass gelegt bekommen möchte, kann gern bei ihr anfragen.

www.annemareike.me | Facebook: annemareikeschultz | Instagram: _annemareike_

DENNIS MÖCK kam schon in sehr jungen Jahren mit verschiedenen spirituellen Wegen in Kontakt. Seine natürliche Beziehung zu seiner inneren Welt wies ihm immer die Richtung, gab ihm das Wissen und die Unterstützung, die er brauchte. Dadurch war es ihm möglich, einen unkonventionellen Weg zu gehen und seit seiner Jugend verschiedene alternative Ausbildungen zu absolvieren.
Als gelernter Mentalcoach arbeitet er überwiegend im Onlinebereich. Er betreibt einen eigenen Blog, auf dem er regelmäßig Artikel veröffentlicht. Zudem bietet er Einzelsitzungen, Onlinekurse sowie Ausbildungen an und veranstaltet Retreats und Workshops zu den Themen »Innenweltreisen«, »Bewusstseinswandel«, »Ayurveda« und »moderne Rituale«.

www.dennismoeck.com | Facebook: Dennis Möck |
Instagram: dennis.venture

Empfehlungen für Steine

- Feng Shui Haus Dresden, Görlitzer Str. 21, 01099 Dresden, Tel. 0351 - 810 5498 | www.fengshuihaus-dresden.de
- Schirner Katalog und Schirner Buchhandlung, Elisabethenstraße 8, 64283 Darmstadt | www.schirner.com
- Face-Roller aus Kristallen | www.rosental.de
- www.wrage.de

Die Gastautorinnen

Kontakt zur Gastautorin Anna Theresa Hoch (Meditation »Neumond-Kristall-Aktivierung« auf S. 156): www.flowoflove.de

Kontakt zur Gastautorin Imke Kattau (Crystal Grid »Mediale Kräfte« auf S. 146): imke-kattau.mykajabi.com

Bildnachweis

Bilder von der Bilddatenbank www.shutterstock.com:
Bildelemente auf allen Seiten: Hintergründe: schwarz: #277475495 (©vata) / lila: #278434037 (©BeautifulPicture) / gold: #341320430 (©dwph) / türkis: #1422337169 (©Anastasiia Guseva) / gemustert: #142821982 (©ODINA OLENA) / türkise Steine: #1217633941 (©Vera Larina) / violette Steine: #1022349496 (©Potapov Alexander), #1376742104 (©Potapov Alexander), #1063862069 (©Potapov Alexander) / schwarzer Glitzer: #546687067 (©Kai-Mook Studio 99) / Papier: # 1431479720 (©darena97), **schraffierte Hintergründe (Steine/Grids/Meditationen):** #406178962 (©Olga_C) / #704822803 (©Kovalov Anatolii) / #138527972 (©faitotoro), **Symbole und Elemente:** Diamantsymbole: #1438593257 (©sunniwa) / #723240442 (©harmonia_green), Ranke: #407159863 (©Transia Design) / #135178952 (©Woodhouse), Symbol neben Ritual: #1212005356 (©Peratek), Polaroidrahmen: #154279712 (©Ninell), **Icons und geometrische Formen:** #369471713 (©Natalia Chuen), #292346000 (©elfinadesign), #1305026002 (©Artemii Sanin), #675475069 (©soponyono), #168346202 (©Mahesh Patil), #593049209 (©Vadym Nechyporenko), #657705139 (©davooda), #1199605828 (©OLYVIA)
Weitere Bilder: S. 8 #1190467759 (© FotoHelin), S. 13 #1077169166 (© Holly Mazour), S. 14 #1206926260 (©semccorm), S. 17 #165729986 (© THP Creative), S. 22 #1417575386 (© Minakryn Ruslan), S. 23 #1025512318 (© Moha El-Jaw), S. 25 #364713584 (© Tamara Kulikova), S. 25 #206828512 (© J. Palys), S. 26 #1038606142 (© Nyura), S. 27 #646106674 (© Charlie Blacker), S. 28 #568879327 (© All About Space), S. 29 #1160782093 (© Photographee.eu), S. 30 #565813426 (© Alena Ozerova), S. 35 #1161080110 (© Annemiek van der Weide), S. 36 #787393630 (© JurateBuiviene), S. 40 #326686466 (© Halfpoint), S. 41 #1351150256 (© ju_see), S. 44 #1077169259 (© Holly Mazour), S. 47 #1277026846 (© wacomka), S. 49 #1119885338 (© Miriam Doerr Martin Frommherz), S. 52 #1077169247 (© Holly Mazour), S. 53 #1116977876 (© FotoHelin), S. 58 #596838977 (© maramorosz), S. 58 #1255555324 (© KrimKate), S. 62 #1047072859 (© CoralAntlerCreative), S. 65 #301316030 (© wavebreakmedia), S. 73 #1062446879 (© CoralAntlerCreative), S. 102 #1158340726 (© Fast Speeds Imagery), S. 144 #1293980848 (© Holly Mazour), S. 166 #1396907693 (© Holly Mazour), S. 171 #1402444931 (© Holly Mazour), S. 173 #1105216688 (© Aaron Robinson), S. 175 #709406701 (© bellabankes), S. 179 #629058008 (© stockcreations), S. 180 #141369502 (© Serena Carminati)

Crystal Grids, Bilder auf S. 36/67, Engel-Aura- sowie Lemuria-Quarz: ©Dennis Möck
Crystal Grid »Innere Stärke und Ausrichtung« (S.70) / »Rauhnächte« (S. 161): ©Annemareike Schultz
Crystal Grid »Mediale Kräfte« (S. 147): ©Imke Kattau
Bilder der Gastautorinnen (S. 208): ©Imke Kattau / ©Anna Theresa Hoch
Fotografien der Edelsteine (S. 18–26): © Arne Gutowski, Schirner